100 IDEAS

para LíDERES de ADOLESCENTES

MW01087457

e625
.com

100 IDEAS PARA LÍDERES DE ADOLESCENTES
e625 - 2017
Dallas, Texas
e625 ©2017 por e625

Todas las citas Bíblicas son de la Nueva Biblia Viva (NBV) a menos que se indique lo contrario.

Editado por: **Lucas Leys**
Diseño Interior: **JuanShimabukuroDesign**

RESERVADOS TODOS LOS DERECHOS.

ISBN: 978-1-946707-76-5

IMPRESO EN ESTADOS UNIDOS

COLABORADORES

WILLY GOMEZ
JAVIER TOLEDO
GUIDO VACCHETTA
CASSY VIVEROS
VALERIA LEYS
JAVIER GOMEZ

Y MIEMBROS DEL EQUIPO DE RECURSOS DE E625.COM

PRESENTACIÓN IMPORTANTE

¿Quién no necesita ideas? Todos las necesitamos. Ideas frescas, excéntricas, inolvidables y osadas. Sobre todo, cuando el propósito es cautivar a un grupo selecto de personas con las verdades eternas de Dios.

La creatividad es un regalo del cielo y una gran noticia que tenemos para darte es que la creatividad de otros puede también ser tu creatividad. ¿Quién lo sabe todo por generación instantánea? Solo Dios. Los demás, aprendemos compartiendo ideas unos de otros y de eso se trata este libro y esta serie (Este libro es parte de otros materiales de este estilo).

La creatividad se aprende. Demanda trabajo y planificación. Requiere algo de desinhibición cognitiva, fe y amor. ¿Por qué amor? Porque si te desespera que tu publico aprenda, es porque les amas y cuando les amas, no tienes tantas trabas emocionales y excusas para no usar la creatividad y exponerte a hacer cosas diferentes.

El GRAN POR QUÉ

El punto de usar la creatividad en el ministerio no es ser creativos, sino eficaces y fieles y lograr lo que Dios puso en nuestras manos para lograr. Yo me resisto a esa idea anti bíblica de que si es espiritual es aburrido y si es aburrido es porque es espiritual. ¿Por qué espiritual no puede ser emocionante? Lo emocionante es divertido. Atrapa y seduce y para eso usamos la creatividad. Nuestras actividades deben dejar en claro que no hay nada más emocionante que estar en la voluntad del Dios que nos encogió para una vida abundante (Juan 10:10) que sea catalizadora de su gracia (Efesios 2:10).

De manera aislada, casi todas estas ideas te pueden hacer creer que tu tarea es hacer algo espectacular para que tu publico crea que eres espectacular. Pero sería un despropósito que el punto sea ese. El objetivo de cada idea está anclado en la pedagogía. Usamos estas ideas para enseñar. No siempre y no todas para dar una clase bíblica, porque también es bíblico trabajar en las relaciones (Marcos 3:14) pero si por amor a la tarea que tenemos entre manos y a las personas a las cuales servimos.

DE LAS IDEAS A LA ACCIÓN

Quienes trabajamos en este libro no conocemos a tu público como tú, lo cual quiere decir que todo lo que leas demanda una adaptación y también un plan de ejecución. En muchas ocasiones el "timing" (o dicho en español, encontrar el tiempo oportuno) define el resultado de una idea más que la idea en sí misma. Lo que sabes de tu público determina si una idea es realizable o no con ellos, aunque igual, a veces te puedes sorprender.

Las ideas no tienes pies, manos u ojos, pero tu si así que no es que las ideas trabajan o no, sino que nosotros debemos trabajar para que las ideas lleguen a la acción.

Planea con anticipación. Creatividad no es sinónimo de espontaneidad. Si la idea requiere materiales, lo primero es conseguir los materiales. Si la idea demanda cómplices, prepara a los cómplices lo mejor posible de antemano.

Calendariza las ideas porque si esperas a la situación ideal para realizarlas, es posible que nunca vayan a suceder. Eso no quiere decir que no busques el tiempo oportuno como ya dijimos, pero oportuno no es sinónimo de perfecto.

LO VERDADERAMENTE SAGRADO

Por último, te recuerdo que prácticamente ninguna de las actividades que hacemos en el ministerio son sagradas. Lo sagrado es la palabra de Dios y las personas a las cuales servimos. Los horarios, comportamientos y costumbres son detalles de los usos de cada contexto. Ni siquiera el templo es sagrado porque Dios no habita ahí (Hechos 17:24). Ni el horario de la reunión, la manera de sentarse, o el orden de actividades está en la Biblia lo cual quiere decir que Dios te dio libertad creativa para implementar distintas ideas de cara a la misión de hacer discípulos (Mateo 28.18). Claro que debemos ser sensibles a lo que nuestra comunidad interpreta de cada costumbre (Romanos 14:1-2) y que siempre debemos estar seguros de no ser cómplices de rebeldía barata o bajar los estándares de moralidad, pero con sentido común, en todo se puede innovar para ser cada vez más fieles a la tarea que Dios puso en nuestras manos.

¡Ánimo en Jesús!

Dr. Lucas Leys
Autor. Fundador de e625.com

CONTENIDO

IDEAS GENERALES................................15

LECCIONES CON OBJETOS......................25

JUEGOS RÁPIDOS................................35

CREA MEMORIAS................................45

IDEAS PARA RECORDAR NOMBRES.........55

IDEAS PARA FACILITAR LA INTEGRACIÓN..61

IDEAS PARA INVOLUCRAR A LOS PADRES..69

IDEAS PARA LA CONSEJERÍA.................79

IDEAS PARA BRILLAR EN LA COMUNIDAD..87

IDEAS PARA RECAUDAR FONDOS............97

IDEAS PARA EVANGELIZAR...................105

IDEAS PARA MEJORAR TUS MENSAJES.....113

IDEAS PARA NOCHES ESPECIALES..........121

IDEAS PARA AFIRMAR LA ESTIMA..........133

5 TRAMPOLINES DE CREATIVIDAD..........141

TU LISTA DE IDEAS

1. Entrevistas vocacionales 17
2. Saludos personalizados 17
3. Fotos, fotos, fotos 18
4. Usa las redes sociales para estimular y no
   solo para informar 18
5. Personaliza el espacio 19
6. Usa espacios de la comunidad 20
7. Trata temas extensos en postas separadas 21
8. Usa el poder de la sorpresa 21
9. Facilita la unidad de la iglesia en tu ciudad . . .22
10. Cerquita del fuego 27
11. La moto o al menos, tu bicicleta 27
12. La peluquería 28
13. Pañales 29
14. El gran festín 29
15. Las dos manzanas 30
16. La licuadora .31
17. Anillos 32
18. La botella 32
19. La Mochila 33
20. Hockey de almohadas 37
21. El pañuelo de la doncella 38
22. La hinchada o la porra 38
23. Básquet en sillas 39
24. Dominó humano 40
25. La cárcel 40

26. Carreras creativas .41
27. Los meses del año 41
28. Los matemáticos 42
29. La gran entrega de premios 47
30. La visita sorpresa 1. 47
31. La visita sorpresa 2. 48
32. La visita sorpresa 3. 48
33. Usa el medio de transporte que no conocen . .49
34. Diplomas y certificados 50
35. El libro de oro 50
36. Regálate un árbol. 50
37. La graduación 51
38. Souvenirs inolvidables. 52
39. Usa el correo (tortuga) 52
40. Repite algo tan importante 57
41. Los 30 segundos. 57
42. Juega con los líderes a recordar 58
43. Cambia nombres con propósito 58
44. Reparte nombres 63
45. Collares 63
46. Merienda de bienvenida. 64
47. No más saludos aburridos. 65
48. Grupos homogéneos 65
49. Asientos numerados 66
50. Crea competencias de equipos cambiantes . . .67
51. Tus compañeros de equipo 71
52. Señores padres. .72
53. Promotores 72

54. Facilita su aprendizaje. 73

55. Presenta un plan anual 75

56. Consejeros, cocineros y taxistas 75

57. La reunión de padres. 76

58. La lista de consejos bíblicos. 81

59. Elimina Tabúes con estudios de casos 82

60. Mini consejos visuales. 83

61. Devuelve las preguntas 84

62. El lugar y el momento oportuno 84

63. Embellece un lugar público 89

64. Gel antiséptico para los líderes de opinión . . .89

65. Bendice a la policía 90

66. La numeración de las casas 91

67. Limpia la manzana o la calle de la iglesia. . . .91

68. Crea el día de la ciudad o celébralo
    si ya existe. 92

69. Ropero solidario. 93

70. El banquete popular 94

71. La Maratón 95

72. La gran subasta 99

73. La copa de tu iglesia. 100

74. La feria de las naciones. 101

75. Recicla 101

76. Servicio de Todólogos 102

77. Pulseras con mensaje 107

78. La importancia de las fiestas 108

79. Contrata tu función 109

80. Video entrevista testimonial. 110

81. El poder del servicio 110

82. La Biblia en 4D 115

83. Desde el corazón y con la mente 115

84. Deja de monologar 116

85. Aprovecha la tecnología para todo 117

86. Una noche de película 123

87. La reunión de sus sueños 124

88. La noche de no más zombis 125

89. La noche de ellas y la noche de ellos 126

90. La fiesta de las redes sociales 127

91. Celebración multisensorial 128

92. La noche de los super héroes 129

93. El expo vocacional 130

94. El calendario es tu gran aliado 131

95. Retratos 135

96. La llamada 136

97. El reportaje 136

98. Del muro de los lamentos al muro de las
    conquistas 137

99. Clubes de intereses 138

100. La nueva identidad en Cristo 138

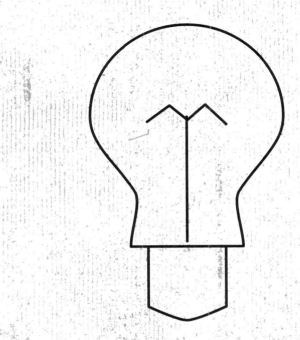

IDEAS
generales

1. ENTREVISTAS VOCACIONALES

Cuanto más conozcas a tus adolescentes, mejor podrás ayudarlos y
más rápido te ganarás su confianza
y por eso una buena entrevista
personal dónde les preguntas de su
futuro y de sus pasiones y talentos no solo te ayudará a conocer-
los, sino que tiene la posibilidad
de ayudarlos a ellos a conocerse
mejor. Hay test vocacionales que
puedes ayudarlos a hacer en la
entrevista. Busca online y si es
necesario cómprate alguno más
profesional porque realmente vale
la pena. Identificar sus talentos

además te permitirá que cuando tengas la oportunidad
o la necesidad de contar con alguien de ciertas características o habilidades entonces sabrás a quien recurrir
y, además, saber qué es lo que les apasiona también te
dará ideas de cómo generarles mayor protagonismo.

2. SALUDOS PERSONALIZADOS

Seguro has visto adolescentes inventar saludos con las
manos, aunque quizás no consideraste el valor de la costumbre. Más allá de lo creativo de esta curiosidad, estos
saludos propulsan un sentido de conexión y pertenencia
y por eso es bueno buscar la manera de crear un saludo
especial ya sea con algunos de ellos o uno especial para
todo el grupo de adolescentes que los identifique. La

forma en que se dan la mano, un abrazo de oso y/o un choque especial de palmas diferente tiene la capacidad de generar cercanía y confianza y le da la pauta a los que miran que esa persona pertenece a un grupo con una identidad.

3. FOTOS. FOTOS. FOTOS

Vivimos en un mundo rodeado de imágenes, pero demasiadas iglesias y grupos juveniles no hacen uso de esta herramienta de comunicación. Toma muchas fotografías y compártelas en las redes sociales creando un hashtag que los pueda identificar y utiliza este recurso para atraer a más adolescentes a tu grupo. Lo ideal es que también puedas subir fotografías de los buenos momentos como compartir una pizza, momentos de conversación o rompehielos y no solo de la reunión donde se ve el escenario. Quienes vean tu publicación verán que en tu grupo las relaciones son importantes. Pídele a todos tus líderes que compartan sus fotografías para generar más contenido visual y también crea un álbum de fotos reales para compartir a fin de año o pegar en una cartelera.

4. USA LAS REDES SOCIALES PARA ESTIMULAR Y NO SOLO PARA INFORMAR

Ya sabes que las redes sociales son una oportunidad de comunicación. Sin embargo, no muchos ministerios usan las redes sociales para estimular a sus adolescentes como recomienda el libro de Hebreos 10:24. En otras palabras, usa las redes no solo para contar cual es la siguiente actividad, sino para celebrarlos, animarlos, festejarlos y estimularlos a las buenas obras. Si todavía no la tienes, crea una comunidad virtual y utiliza los recursos digitales para integrar a

los adolescentes a la iglesia. No dejes de utilizar WhatsApp u otras aplicaciones como un medio de comunicación estratégica grupal. Asegúrate de tener una página vistosa en Facebook e Instagram para dar a conocer las actividades e información importante, utiliza Twitter para enviar capsulas semanales sobre consejos, pero no te olvides que en todo este uso no solo debes dar información sino crear palabras de ánimo y cuando puedas, que sean personales celebrando cumpleaños, graduaciones o cualquier cosa en la que los puedas festejar.

5. PERSONALIZA EL ESPACIO

La habitación o el cuarto de un adolescente suele reflejar sus gustos e intereses e idealmente en la iglesia debiéramos tener una extensión de ese espacio dónde se sientan en plena confianza de expresarse y ser quienes son. No en todas las congregaciones es posible, pero en algunas que, si lo es, demasiados salones de clases o reuniones son un lugar aburrido, sin colores ni nada que les comunique a esos adolescentes que ese lugar es de ellos y no del misionero que comenzó esa congregación hace demasiados años atrás.

Haz este arreglo cuanto antes, pero es una buena idea hacer cambios cada año e involucrar a algunos de ellos en la sorpresa.

6. USA ESPACIOS DE LA COMUNIDAD

Demasiados adolescentes se quejan de que la iglesia es aburrida y una de las razones principales es que todo siempre ocurre a la misma bati hora y, sobre todo, en el mismo bati lugar. La Biblia es clara: "El Dios que hizo el mundo y todo lo que hay en él es Señor del cielo y de la tierra. No vive en templos construidos por hombres." (Hechos 17:24) lo cual quiere decir que Dios no atiende en el templo el fin de semana y podemos llevar la reunión a otros espacios que faciliten tener a los adolescentes conectados entre sí y sobre todo conectar las enseñanzas de la Biblia con sus mundos reales. ¿Qué espacios especiales hay en tu comunidad? ¿Un parque? Úsalo seguido. ¿Un hospital? Visita a los enfermos. ¿Un centro comercial? Haz algunas reuniones allí. ¿Una escuela? Pide permiso y adóptala. Haz actividades allí los sábados y si puedes cubre alguna necesidad que tenga.

7. TRATA TEMAS EXTENSOS EN POSTAS SEPARADAS

Los adolescentes son inquietos y necesitan moverse de un lugar a otro. Si vas a tratar un tema que es extenso puede ser muy útil "descomponerlo" en partes y asignarle a cada una de ellas un espacio distinto. Si el tema es "el colegio", puedes ambientar un aula de la iglesia como si fuera la de la escuela, otra como si fuera el patio del recreo, otra como la dirección, y así, sucesivamente, todo lo que se te ocurra. En cada espacio los chicos encontrarán un sub tema diferente, una decoración diferente, y líderes vestidos en forma diferente.

De acuerdo a la cantidad que son, el grupo puede recorrer las postas todos juntos o puedes armar grupos más pequeños y que cada uno de esos subgrupos vaya rotando cada 15 minutos.

Esta dinámica evita la dispersión, favorece el enfoque y la concentración y añade el factor sorpresa por la incertidumbre de lo que habrá en la siguiente posta.

8. USA EL PODER DE LA SORPRESA

Nada aburre más que saber todo lo que va a suceder y anticipar todo lo que se va a decir.

No hace falta que cambies todo de repente, pero genera cambios continuamente. Por ejemplo, si siempre tienen el mismo orden de reunión--- alabanza- ofrenda- predicación- cambia el orden, pero mejor, comienza a usar otros recursos de comunicación como el teatro, o una película casera que hicieron en la semana o haz algunos de los juegos que te recomendamos más adelante. Cambia un poco el salón al menos con el decorado del escenario y si es posible, que tenga que ver con el tema de la noche.

La sorpresa no solo sorprende, ja, sino que crea expectativa, sube los niveles de atención y moviliza distintas hormonas en el cerebro que generan una sensación de acción que finalmente producen un sentido de satisfacción. Te sorprendimos con esa afirmación ¿Cierto?

9 FACILITA LA UNIDAD DE LA IGLESIA EN TU CIUDAD

Tu iglesia local o congregación es una expresión de la iglesia de Cristo en tu ciudad, pero no es la única y sería un gran beneficio para tu ministerio y el de otros que facilites la unidad de la iglesia de  manera concreta y practica con tus adolescentes. Esto quiere decir que NO tienes que ser el organizador de cada evento cristiano al que vayan tus adolescentes, sino que puedes beneficiarte de los eventos que organizan otras congregaciones y hacerlos parte de TU oferta y programa, es decir no solo dejar o animar a que tus adolescentes vayan a ese congreso o concierto de otra congregación, sino ir oficialmente como grupo y sacarle provecho juntos, aunque no sea en tu templo. También, claro que puede unirte a otros líderes de adolescentes de la ciudad y al menos una o dos veces por año planear algo juntos para que sus adolescentes se conozcan y compartan el entusiasmo de ser parte de grupos más grandes y ampliar sus posibilidades de amistad (y escoger parejas cuando sea tiempo).

No esperes que otro líder tome la iniciativa y no te quejes si otros no apoyan tus eventos sin primero apoyar los de ellos. Piensa fuera de la caja, o en este caso, de tu templo.

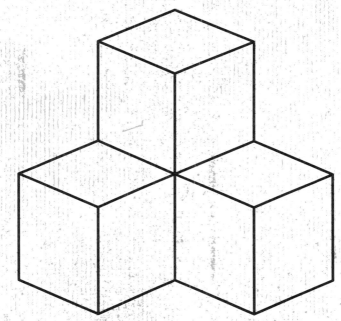

LECCIONES

con objetos

10. CERQUITA DEL FUEGO

Si realizas una fogata en un campamento o si lo haces en tu casa y haces un video para mostrar en la reunión, puedes oportunamente utilizar esta escena para reflexionar sobre la importancia de la iglesia y de congregarse y lo necesario que se vuelve compartir  juntos. Lo que puedes mostrar es que cuando separas un leño del fuego, este empezará a perder su fuerza, pero si lo vuelves a unir, volverá a arder y se integrará al resto del fuego. Claro que también lo puedes hacer más dramático tirándole agua cuando está separado y hacer referencia a que un leño mojado luego de haber estado prendido hace mucho humo y decir que el humo son toda clase de malas decisiones que arruinan nuestra visión. Así mismo puedes indicar que al buscar de Dios como iglesia juntos y anhelar más de Dios hará que la iglesia se encienda más y aprovechas para echar un poco de gasolina a la fogata (con el cuidado respectivo) y verás cómo se acrecienta el fuego, de esa forma Dios se manifiesta en la iglesia cuando le buscamos y dejamos que el combustible del Espíritu nos toque juntos.

11. LA MOTO O AL MENOS, TU BICICLETA

Ingresa a la reunión andando en una moto que no hace falta que sea ni grande ni poderosa y si puedes, con el atuendo de un motociclista o corredor de carreras de bici si no tienes moto, pero puedes conseguir una bicicleta de carreras. Semejante sorpresa impactará a todos y podrás ganarte los primeros cinco minutos de su atención para conversar sobre lo rápido que andamos en la vida, las caídas peligrosas y la importancia de usar un casco "espiritual" para no dañarse.

El punto aquí no es tu entrada triunfal sino lo que vas a explicar después y lograr que te presten la mayor atención posible y los principios sean evidentes.

12. LA PELUQUERÍA

Contacta a un peluquero amigo para que venga a tu reunión y te ayude a cortarte el pelo en vivo delante de todos. La escena será inolvidable y la puedes usar de introducción para hablar de Sansón, o puedes arreglar con el peluquero que te corte solo un lado de la cabeza y hablar de cuantas veces dejamos cosas incompletas (que te corte la mitad al principio de la clase y la otra al final) o que te haga un peinado raro y hables de que hay cosas que nosotros no vemos pero que todos los demás ven de nosotros.

Quizás algún adolescente osado se anime a raparse también o entre todos pueden cortarse el pelo y luego venderlo para poder becar a más adolescentes al próximo campamento (aunque es posible que si haces eso sin pedirle permiso a los padres te termine costando más caro y hagas que alguno en serio quiera raparte a ti).

13. PAÑALES

Comienza la prédica haciendo referencia a las actitudes inmaduras típicas que suelen presentarse en tu grupo o en la iglesia en general. Profundiza sobre el tema y para rematar diles que les trajiste un regalo a los que se involucran en esas cosas. Con intriga saca cuatro o cinco pañales para referirte a cuatro o cinco inmadureces comunes como la envidia, los chismes, el bullying, los complejos y la rebeldía sin sentido. (Y puedes escribir esas palabras en cada pañal o tener una tarjetita con esa palabra escondida dentro de ellos).

La enseñanza será visual, chistosa y un tanto asquerosa como para que la lección sea clara.

14. EL GRAN FESTÍN

Para referirte al milagro de la multiplicación de los panes y los peces de Marcos 6 puedes poner un plato de alguna comida atractiva para tus adolescentes (Un hotdog, una pizza o incluso un chocolate) en una mesita en el escenario donde das la clase y terminar tu clase orando por multiplicación levantando ese plato y al final de la oración, tener listo que un grupo de voluntarios entren al salón con el mismo plato para todos a modo de sorpresa. Terminar todos juntos comiéndose el objeto de la ilustración hará el ejemplo mucho más memorable y les hará compartir un momento muy divertido.

15. LAS DOS MANZANAS

Llama a un voluntario preferiblemente con chispa (y si crees que hay alguno un tanto torpe con las manos, mejor) al frente y dale una manzana y pídele que comience a pasarla a distintas personas que a su vez se la arrojen de nuevo, pero con suma rapidez. Anima al voluntario a tirar la manzana a los que están más lejos porque lo que quieres es que la manzana se caiga y golpee. Diles que pueden hacerlo sin cuidado. El objetivo es que llegue y no cuidar la manzana. Que lo hagan cada vez más rápido hasta que te asegures que la manzana ya sufrió la ilustración...

Cuanto más la tengan, la revoleen y se les caiga... mejor. Cuando finalmente la manzana esté casi desecha, pide que te la alcancen y saca otra manzana nueva y compara la diferencia entre ambas. El mensaje es acerca de la pureza de nuestros cuerpos y puede incluir una apelación a no entregar nuestros cuerpos a cualquiera para que nuestra vida no se llene de golpes.

Sé cuidadoso con las palabras que uses para no ofender o dañar a alguien que haya tenido una vida ya un tanto golpeada pero que quede claro que no hay nada mejor que poder tener una manzana nueva para entregar a quien en verdad amamos y nos ame en un compromiso pleno y cercano.

16. LA LICUADORA

Prepara una mesa con jugos, colas, uno o varios sándwiches, papas fritas, chocolates, helado, café y cualquier otra cosa sabrosa que se te ocurra o puedes hacer una bandeja con cosas de desayuno, otra de almuerzos y una de postres. Invita a los adolescentes a ser parte del banquete indicando que es lo que más les gusta de lo que hay en la mesa Todos se querrán abalanzar sobre la mesa y probar algo, pero asegúrate que no suceda.

Una vez que los hiciste hablar y conoces sus preferencias, saca una procesadora / licuadora y pon allí adentro, una a una, todas las cosas que hay en la mesa para comer. Mezcla todo (eso va a generar caras muy extrañas en los chicos). Una vez procesada la comida pregunta quien quiere catar la nueva receta. Nadie lo hará.

Esta dinámica te servirá para hablar de la importancia de no quemar o mezclar etapas. Así como para almorzar empezamos con un aperitivo, luego seguimos con el plato principal y finalizamos con un postre, en nuestra vida personal también hay un orden y un tiempo que no conviene saltear. Cosas como el noviazgo, las relaciones sexuales o un embarazo deben reservarse para más adelante y vivirlos en el tiempo adecuado. (Eclesiastés 3 habla de ellos). Si mezclamos los tiempos y vivimos todas las etapas a la vez, costará mucho más encontrarle el sabor a la vida.

17. ANILLOS

Un anillo puede ser un gran símbolo. Por ejemplo, de un compromiso que nunca debe terminar como es en el caso del matrimonio. Pero también puede tener otros usos, como por ejemplo de una vida que desea llegar al matrimonio en santidad sexual. Así como el anillo de casamiento representa un pacto de fidelidad a una persona, puede ser muy útil usar uno que refleje el pacto de fidelidad hacia Dios durante los años en que uno no conoce a quien será "la persona de su vida".

Luego de una profunda reflexión sobre lo que significa, los líderes pueden entregarle el anillo a su adolescente en un marco de solemnidad, ambientada casi como una boda (vale alfombra roja). Cierren con una oración personal sobre todo para que tengan fortaleza en los momentos de tentación y sobre todo paciencia.

El anillo no garantizará nada, pero será un elemento visible que les recordará el pacto que hicieron con Dios y puede ser un poderoso recordatorio en muchas ocasiones de tentación.

18. LA BOTELLA

Pon una botella boca abajo y pide que la soplen para que se caiga. Cuando lo logren dale vuelta y pide que intenten hacer lo mismo (les costará mucho más, si es que lo pueden hacer).

Este sencillo experimento te servirá para demostrar y explicar la importancia de tener una buena base, la cual se logra desarrollando convicciones firmes, capacitación, experiencias, la búsqueda de consejos sabios y un conocimiento profundo de la palabra de Dios.

19. LA MOCHILA

Prepara un mensaje sobre las cargas pesadas que muchas personas suelen llevar e ilustra el mensaje con una mochila bien grande llena de cosas curiosas asignándole un significado a cada cosa. Esta es una ilustración muy simple pero que puede ser poderosa y a la vez que permite que cada cosa que sale de la mochila sea una nueva sorpresa y una nueva lección.

Cada cosa saliendo de la mochila puede representar el temor, el pasado, un pecado sexual, la falta de perdón y muchas otras cosas que debemos sacar de la mochila y poner a los pies de la cruz.

JUEGOS
rápidos

20. HOCKEY DE ALMOHADAS

Anima a tus adolescentes a traer su almohada preferida a la reunión (y consigue extras para los que no las traigan o no sepan) y separa al grupo en dos o más equipos según la cantidad de adolescentes que tengas. Consigue también una pelota 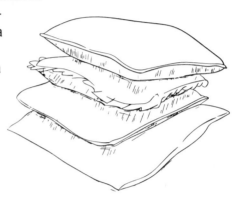 de goma preferiblemente liviana y de esas que rebotan mucho.

Ubica dos arcos o porterías a los extremos del campo de juego y ya te imaginas cómo es el juego. Cada equipo debe hacer el gol en el arco contrario usando las almohadas como palos de hockey lo cual será muy divertido porque no es fácil pegarle a una pelota con una almohada y en varios casos, los adolescentes ni siquiera notarán si le están pegando a la pelota o no, lo cual hará más divertido hacer este juego.

Para agregar niveles de dificultad, luego de un rato de jugarlo de manera estándar puedes agregar el permiso para que se golpeen con las almohadas entre ellos para que sea más difícil realizar cada gol o quizás puedes hacer que eso solo lo pueda hacer quien defiende los arcos.

21. El Pañuelo de la Doncella

Divide al grupo en dos equipos, ubícalos en línea horizontal y paralela mirándose frente a frente a 3 o 4 metros de distancia aproximadamente y ubica un pañuelo en el centro. Identifica a las personas del equipo "A" por números o frutas y de la misma forma al equipo "B" con los mismos números o frutas con los que identificaste al grupo A, de esta manera habrá una persona del equipo A con el número 2 (Por ejemplo) y una persona del equipo "B" también con el número 2. Cuando menciones uno de los números (o de las frutas), las personas identificadas con ese número o fruta deben salir e intentar agarrar el pañuelo, el que lo agarre primero debe correr rápidamente a su puesto antes que el oponente lo alcance a tocar. El equipo con más victorias ganará.

22. La Hinchada o la Porra

Este es un juego donde al principio compiten todos contra todos y los que van perdiendo deben sumarse al equipo que les ganó.

Plantea desafíos sencillos para que el juego sea fluido (Por ejemplo: Piedra, papel o tijera o ni sí ni no, ni blanco ni negro). El juego comienza cuando todos buscan a alguien para enfrentar. El que pierde debe ponerse detrás del ganador y empezar a alentarlo coreando su nombre. Ahora los dos deberán buscar a otro ganador (que tendrá a otro coreando su nombre). Los perdedores engrosarán la fila del ganador y seguirán coreando su nombre. Todos estarán coreando el nombre de alguien.

A medida que el juego avanza la cantidad de jugadores que aún no perdieron se va reduciendo y la filas que se armarán detrás de ellos será cada vez más larga hasta que un momento quedarán sólo dos que corearán dos nombres y se enfrentarán en una gran final.

23. BÁSQUET EN SILLAS

Establece un campo de juego ubicando cierta cantidad de sillas enfrentadas entre sí. Te recomendamos entre 6 y 10 jugadores por equipo y poniendo cestos en cada extremo para que cada equipo pueda embocar sus tiros.

Los adolescentes de cada equipo deben sentarse en las sillas enfrentados y el objetivo es pasarse el balón y encestarlo en la cantidad de pases que tú señales por jugada o dejar que ellos se pasen libremente como en un juego regular.

Las únicas dos reglas son: No pararse y encestar el balón. Claro que puedes armar varios equipos y rotarlos o dejar al ganador en el campo para que sea más dinámico.

24. DOMINÓ HUMANO

Divide el grupo
en dos y a
cada adoles-
cente de cada
grupo asígnale
una pieza del
dominó que
puede estar
dibujada en una hoja o papel afiche asegurándote que
todas pueden combinarse de alguna manera (Un conocimiento mínimo de dominó es necesario para este juego).
Gana el primero que logra armar todo el dominó sin dejar
ninguna pieza desconectada.

25. LA CÁRCEL

Todos los líderes deben estar disfrazados de guarda
cárceles (alguno puede ser el cocinero de la prisión. Usa
tu imaginación para inventar los personajes). Apenas
entren a la reunión, los chicos serán esposados -con
soguitas cortas, por ejemplo- y, para liberarse, deberán
pasar una serie de postas.

Inventa cuatro mini-juegos a cargo de cuatro personajes distintos –pueden ser de destreza física, mental...
lo que se te ocurra- y que los adolescentes, por equipos, roten en las postas. Una vez finalizado el recorrido,
los chicos habrán obtenido la llave que los libera de la
prisión.

Es un excelente juego para hablar de la libertad que tenemos en Cristo. Asegúrate de que cada líder esté mimeti-
zado con su personaje: eso hará al juego más interesante.

26. CARRERAS CREATIVAS

Que nunca te falten buenas carreras con música movida de fondo. Las posibilidades son super variadas, de uno por vez, de dos, de tres, de un equipo entero. Con tiempo, sin tiempo, con varias metas cortas, con una meta difícil, alzando a alguien, llevando algo raro, llevando algo entre las piernas, encima de la cabeza, alrededor de la cintura, con la boca.... En distintas posiciones: arrastrándote, en un pie, con las manos, saltando, vendados, con los pies atados, en carretilla, todo el equipo atado, de espaladas, o una combinación de varias de estas cosas. Otras posibilidades son con agua, globos, cintas, sillas, palos, prendas de ropa, disfrazados, patines, piezas para armar un rompe cabezas o responder una pregunta sin un zapato o sin ninguno.

Las posibilidades son infinitas. Hazlas chistosas. Lo único que necesitas es un poco de imaginación. Si son rápidas, simples y todos los pueden hacer... ¡Son sensacionales!

27. LOS MESES DEL AÑO

Sienta a todos los adolescentes en un círculo con una silla menos que la cantidad de jugadores que tengas. Al jugador o la jugadora que te queda ponla en el medio porque es quien va a comenzar el juego.

Luego explica que la persona en el medio va mencionar dos o tres meses del año (Tienes que elegir el numero pensando en la cantidad de jugadores. Si es un grupo muy grande con un mes puede ser suficiente, pero si son menos quizás necesites 3) y todos los que hayan nacido en ese mes tienen que cambiarse de lugar cuando ella grite esos meses, pero para que nadie haga trampa vamos reconocer mes por mes quienes nacieron cuando y entonces vas llamando desde enero a diciembre para que mes por mes se vayan poniendo de pie y que todos sepan de qué mes es cada uno (Esto también sirve de integración).

Cuando la persona del medio grita los dos meses que escogió va a intentar sacarle el lugar a alguno de los que está corriendo y así siempre alguien va a quedar alguien sin lugar y tendrá que ir al medio a elegir otros meses.

28. LOS MATEMÁTICOS

No a todos los adolescentes les gustan las matemáticas, pero siempre son necesarias y con este juego quizás logres que algunos que no siempre se prenden con los juegos lo quieran hacer.

Divide al grupo en equipos de a 10 y dales un número a cada uno (haz hojitas plastificadas con números para usar en este y otros juegos y actividades también) de cada grupo. Haz que todos guarden sus celulares y la líder se para a la misma distancia de cada grupo (para este juego es mejor sacar las sillas) y grita "Necesito un matemático" y luego da una cuenta que es mejor tener preparada de antemano en un papel también. Por ejemplo: "2 por 8 menos 4 dividido 3" y el equipo debe enviar a la persona con el numero de la respuesta de la cuenta que en este caso es 4 así que quien tenga el 4 debe ir corriendo al micrófono o a donde te encuentres para ganar el punto. La primera respuesta correcta en llegar obviamente gana sus puntos (que te recomendamos que no sean 1 o 2 sino siempre números grandes como 100) y el primer equipo en llegar a los 1000 puntos gana.

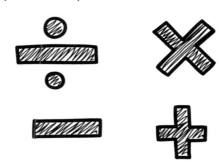

CREA
memorias

29. LA GRAN ENTREGA DE PREMIOS

Nuestra identidad se va creando con memorias y por eso generar memorias positivas y significativas es tan importante en el ministerio con adolescentes.

Una entrega anual de premios puede crear memorias inolvidables y a la vez ayudarte a destacar cualidades y compromisos que es necesario reconocer. En el mundo se premia la belleza o el éxito de una canción o película pero que tal premiar pasos de fe, actos de misericordia, actitudes o ir la milla extra.

Hazlo con pompa para que sientan que es importante y claro que puedes comprar premios parecidos a oscars de juguete, pero mejor inventa premios creativos personalizados de tu grupo que se conviertan en un clásico de tu congregación.

A esta actividad puedes agregar varios elementos como una alfombra roja o de otro color, un espacio para fotografiarse, pueden vestirse de gala o puede ser una cena.

30. LA VISITA SORPRESA 1

Previo a coordinar con los padres, aparézcanse un sábado por la mañana con una cámara en la casa de un adolescente y despiértenlo. La sorpresa será muy graciosa e inolvidable. Que luego les muestre la habitación y el resto de su casa o al menos su cocina. Filmen todo y hagan la mejor edición posible. Muestra el video en la próxima reunión y será un mensaje a cada uno de los otros del grupo de que la próxima "víctima" puede ser cualquiera de ellos.

31. LA VISITA SORPRESA 2
Espera a algunos de tus adolescentes a la salida del colegio. Luego de sorprenderlos, él o ella podrá presentar a sus compañeros y amigos, mostrarles el aula, o el lugar favorito de la escuela, y tal vez algún profesor.

Más allá de la sorpresa, será la oportunidad para que sus compañeros vean la "buena onda" del grupo juvenil de la iglesia, y así, venzan algunos prejuicios que pueden tener. Hazlo con alguien de tu mismo sexo si es a una sola persona e idealmente hazlo en grupo y hasta le puedes dar nombre a la costumbre llamándolo "invasión escolar" si lo vas a hacer con alguien todos los meses. Lleva a alguien que haga un video y asegúrate de mostrarlo en las reuniones.

32. LA VISITA SORPRESA 3
Trae invitados sorpresa a la reunión sin anunciarlos. Sobre todo, si se trata de alguien que varios de tus adolescentes quieran conocer y escuchar como algún músico, escritor o predicador de sus favoritos. En la mayoría de las iglesias, cada vez que tenemos invitados especiales los anunciamos hasta el hartazgo, pero también es bueno que en una reunión usual puede aparecer un invitado

especial y además de sorprenderlos les estarás diciendo a tus adolescentes que cada reunión es especial y no deben faltar porque no saben lo que se pueden perder.

33. USA EL MEDIO DE TRANSPORTE QUE NO CONOCEN

En casi todas las ciudades hay algún medio de transporte que algunos adolescentes no han probado todavía y ayudarlos a tener su primera experiencia en ese transporte puede ser una herramienta espectacular para crear una memoria compartida.

Obviamente puede ser algo simple como un tren, un tranvía, el metro, el subterráneo o una carroza de caballos si hay, pero también puedes ir más allá y averiguar por un vuelo de bautismo en una escuela de pilotos o navegar en una lancha o bote si nunca tuvieron una experiencia en el agua.

Claro que estos últimos dos ejemplos pueden sonarte un poco disparatados o muy caros, pero te sorprenderías que en algunas ciudades son posibilidades accesibles para un grupo si se planea con tiempo. La hora de vuelo en avioneta o helicóptero no es barata, pero pueden compartir los gastos si suben tres o cuatro y volar media o una hora y lo mismo sucede en muchas ciudades respecto a alquilar un paseo en lancha, catamarán o ferry.

34. DIPLOMAS Y CERTIFICADOS

Luego de un discipulado, una serie de temas intensa, o un campamento, entrega un diploma bien diseñado en reconocimiento a su participación. Los chicos a esa edad no tienen muchos diplomas en su haber y les dará gusto colgarlo en su habitación y recordar los temas que abordaron, las enseñanzas y los desafíos que aceptaron.

35. EL LIBRO DE ORO

Compra un libro, carpeta o cuaderno grande que puedas forrar en dorado para convertirlo en el "libro de oro del grupo". Allí los chicos pueden escribir dedicatorias, agradecimientos y mensajes entre ellos, lo que piensan del ministerio,  de las reuniones, sus líderes, así como mensajes destinados a los futuros adolescentes de mañana.

La idea es que el libro permanezca a través de los años como registro de lo que ha sucedido en los adolescentes a través en ese año de la vida del ministerio de adolescentes de tu iglesia.

36. REGÁLATE UN ÁRBOL

Ya lo sabes. Un hijo, un libro y...un árbol. ¿Cómo es que algo tan "vegetal" puede ser tan importante? La emoción de plantar un árbol y luego de muchos años ver cómo crece es una experiencia que siempre encariña. Planta árboles en el parque de la Iglesia o averigua en el Municipio de tu ciudad por algún lugar donde estén plantando y lleva a tus adolescentes a hacerlo. Ofrece a tu grupo de adolescentes para arborizar una plaza y marquen la historia de su ciudad o al menos planten al menos uno a nombre del grupo en algún parque y hagan alguna especie de pacto de amigos para recordarlo.

Más allá de la experiencia de hacerlo, puedes asignar al árbol algún tipo de valor simbólico como la amistad o un pacto de compromiso con Dios que siempre deberá permanecer creciendo. Incluso puedes asignarle un texto bíblico como el Salmo 1 para que al verlo todos puedan recordar una importante lección.

37. LA GRADUACIÓN

El sistema escolar hace un mejor uso de las graduaciones que en la mayoría de las iglesias y por esta razón nos perdemos la importancia de los ritos de pasaje que siempre  han sido importantes en la historia de la humanidad para marcar con claridad comienzos y cierres de etapas.

Si en tu iglesia tienen divididos a los adolescentes de los jóvenes (lo cual te animamos a hacer) es muy recomendable que cuando van a pasar de un ministerio al siguiente se haga una graduación oficial al terminar el año.

Arma una ceremonia y que los adolescentes se vistan con túnica y gorro negro, al estilo Norteamérica si pega en tu contexto. Quizás incluso lo hagan para terminar el secundario así que probablemente ya tengan sus trajes. Que su último día en el Ministerio sea inolvidable. Esta es una buena ocasión para regalarles una Biblia y orar por ellos encomendándoles al primer gran paso de su adultez que es la etapa universitaria.

38. SOUVENIRS INOLVIDABLES

Los souvenirs son recuerdos que pueden ser imborrables de algún campamento, retiro o noche especial. Deben ser lindos, útiles, baratos y, en lo posible, de buena calidad.

Claro que podemos volvernos locos y hacer una mochila con la estampa del campamento o el grupo y aunque suene caro puede tener un gran impacto en la identificación del grupo. O podemos ir más barato y hacer el souvenir nosotros. Sea del estilo que sea, regalarles cosas a tus adolescentes que ellos aprecien siempre es una buena idea. Otras opciones: Una cruz con sus nombres grabados en ella o un libro del tema que trataron dedicado por los líderes.

39. USA EL CORREO (TORTUGA)

Ya quedaron muy atrás los años en los que era común recibir cartas y postales y por eso hoy es todavía una mejor idea usarlas en el ministerio. Nunca escatimes en tus demostraciones de afecto para con los adolescentes. Ellos lo necesitan más de lo que creemos y no hace falta escribir toda una epístola. Con un simple texto de "te extrañamos en la reunión" cuando notas que ya faltaron tres semanas o una notita celebrando su cumpleaños o su graduación puedes tener un gran impacto.

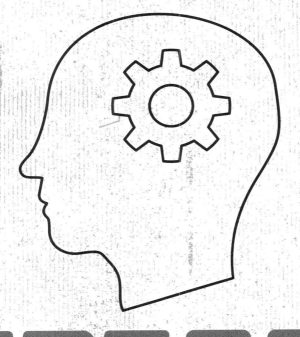

IDEAS

para recordar nombres

40. REPITE ALGO TAN IMPORTANTE

Todos sabemos el nombre de las personas que son importantes para nosotros y si a alguien no le sabemos el nombre...será porque no es tan importante... y eso es lo que les comunicamos a los adolescentes a quienes pretendemos liderar, pero no sabemos cómo se llaman. Y claro, siempre hay excusas de por qué no nos sabemos el nombre de alguien, pero son excusas. Si deseamos ser buenos lideres le pondremos atención a aprendernos información tan vital acerca de las personas a las que deseamos

seamos afectar y una novedad para muchos acerca de este tema es que hay técnicas y trucos que podemos usar para aprendernos los nombres de la gente como repetir el nombre rápidamente una vez que te lo digan y seguir usando el nombre con frecuencia durante el resto de la conversación. Haz una pregunta usando el nombre (María: ¿Quién te trajo hoy a la reunión?) y repite el nombre una vez más al despedirte.

41. LOS 30 SEGUNDOS

Aprovechando la tecnología, puedes hacer pequeños videos con tu celular dándoles la pauta de que deben hablar por 30 segundos y que cada adolescente diga su nombre y algo por lo que está agradecido

con Dios, esto ayudará a que la gente identifique a la persona, su nombre y un pequeño testimonio. Procura dejarlo también en redes sociales para que las personas que vayan y busquen en el grupo o en la fan-page de tu grupo puedan verlos y asociar rostros y nombres.

42. JUEGA CON LOS LÍDERES A RECORDAR

Imprime fotos de chicos nuevos y sácalas en las reuniones de líderes y premia aquellos que se acuerdan el nombre que corresponde a cada foto. Más allá de los premios será un buen ejercicio para asociar los rostros

con los nombres. Siempre hay algunos que les cuesta más.
Añade otros datos de los chicos para forjar o reforzar la red conceptual que se tenga de ellos. Pégalos en una pared durante la reunión DE LÍDERES para orar por ellos, pero sácalos luego para que nadie los vea y esos adolescentes no se sientan observados.

43. CAMBIA NOMBRES CON PROPÓSITO

Hay nombres que son más fáciles de recordar que otros y los más fáciles de todos suelen ser lo que son diferentes pero fáciles de pronunciar y por eso no es una mala idea crear apodos y abreviaciones positivas. Además, estos nuevos nombres que suelen ser más fáciles de recordar tienen el beneficio de generar confianza y cercanía. En muchos países por ejemplo se le dice Pancho a los Franciscos o Chelo a los Marcelos y si te inventas nombres creativos será todavía más fácil que todos identifiquen a esa persona. Solo asegúrate que la persona siente que es un nombre cariñoso y que le gusta. Y atención, esta idea no es para aplicar con los que ya son populares en tu grupo sino con los que quieres generar confianza y ayudar a que todos se aprendan sus nombres.

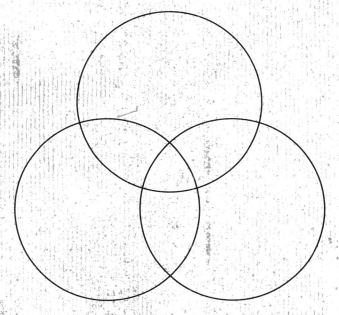

IDEAS

para facilitar la integración

44. REPARTE NOMBRES

Que todas las personas escriban su nombre y apellido en un papel de cartón (un papel que no sea tan fácil de perder o romper) al llegar a la reunión. Luego de recogerlos y comenzar la reunión, en medio de la reunión, la alabanza o la lección puedes repartir los papelitos a personas diferentes y le dirás a quien le toque el papel que  pueda escribir una palabra de bendición, un versículo especial o algo le anime y le recuerde la promesa de Dios a esa persona y que agreguen su nombre y apellido de quien lo puso. Luego esos papelitos los recoges de nuevo y los pegas en las paredes de afuera, eso hará que las personas traten de ubicar que les pusieron y mientras están buscando puedan compartir con los demás lo que les dijeron.

Este es un excelente ejercicio explicado en el marco de bendecir sin importar a quien y pensar más en los otros que en nosotros y puedes usarlo como aplicación práctica de Filipenses 2:3.

45. COLLARES

Reúne collares baratos de diferentes colores. Antes de iniciar el evento o la actividad programada y al llegar

cada participante deberás entregarle 1 o 2 collares y comentarles que en el transcurso de tiempo que estarán en ese lugar existirán 2 o 3 palabras prohibidas que jamás pueden mencionar que pueden ser "Sí" "No" "nada" y "no sé". Si alguno de sus compañeros en algún momento les hace decir las palabras prohibidas deberán entregarle un collar al que se las hizo decir. Al finalizar el evento, se identificará a la persona que haya ganado más collares, y por supuesto esta será la ganadora.

La idea aquí es provocarlos con esta excusa a conversar con más personas y así conocerse.

46. MERIENDA DE BIENVENIDA

Invita a los que vienen hace poco a tu grupo a una merienda especial. Agrega algún video que cuente las actividades que regularmente hacen, así como la visión o los valores que tienen. Súmale un juego interactivo.

Más allá de la participación de los líderes, puede ser mucho más efectivo si la actividad la realizan también otros adolescentes del grupo que estén preparados para saludar con entusiasmo y aprenderse los nombres de los nuevos.

47. NO MÁS SALUDOS ABURRIDOS

Dedica los primeros minutos de cada reunión a acercarte a los nuevos. Salúdalos calurosamente y pregúntales su nombre y si van a la escuela o colegio y a cuál. Contagia está sana costumbre a los demás adolescentes de tu iglesia y conviértela en parte de la cultura normal de tu organización.

Otra buena tradición es dirigirr los minutos de los saludos con astucia. Ya conoces el tradicional momento de saludar a otras personas que se hace en tantas iglesias, pero la verdad es que todos saludamos a los que ya habíamos saludado así que es bueno ser creativos y dirigir también este momento con algunas ideas como poner una cuenta regresiva y que todos tengan que aprenderse 3 nombres de gente que no conocían y sus fechas de cumpleaños y luego llamas voluntarios o eliges al azar y a quien responde bien le regalas un chocolate lo cual puedes hacer con 2 o 3. O también indicarles que busquen para saludar a alguien que haya nacido en el mismo número de días que ellos sin importar el mes o mezclarlos entre hombres y mujeres y ayudarlos a hacerse alguna pregunta chistosa.

48. GRUPOS HOMOGÉNEOS

En todo grupo hay homogeneidad y heterogeneidad y ambas palabras suenan raras así que no viene mal enseñarles a tus adolescentes lo que quiere decir. Hay homogeneidad cuando tenemos cosas en común y heterogeneidad cuando somos diferentes y en varios sentidos, todos somos ambas cosas: por ejemplo: todos tenemos orejas, pero a no todos nos gusta el brócoli ¿o sí?

La actividad funciona con todos puestos de pie y armando círculos según ciertas pautas que tu das que todos puedan escuchar. Por ejemplo: Busca a todos los que nacieron en tu mismo mes. Ahora en parejas. Todos con alguien del sexo opuesto o todos con alguien del mismo sexo. O todos los que vaya a tu escuela o alguien que no haya visto la película tal con alguien que si la ha visto. Alguien que tenga una altura totalmente opuesta a la tuya. Busca a alguien que a quien le gusta tu misma comida favorita. Y así, puede inventar varias características y ayudar a que se conozcan, se hablen y haya un poco de desorden para decontracturar el ambiente.

49. ASIENTOS NUMERADOS

En muchos teatros y salas de cine más selectas los asientos están numerados y tú puedes hacer eso en alguna reunión especial o si justamente van a ver una película en la reunión o hacer una obra de teatro.

Detenlos en la puerta un rato antes de entrar (y verás que hasta los que nunca quieren entrar querrán entrar) y allí reparte los numeritos y al abrir las puertas deben buscar el asiento que les tocó (que claro que también debes numerar).

De esta manera les estarás forzando a sentarse con alguien distinto a la persona con la que siempre se sientan y esta es una posibilidad de hacerse amigos sobre todo si ayudas a que eso ocurra con alguna dinámica.

Otra opción con esta idea es si haces un evento pago como un concierto o una obra de teatro más elaborada para recaudar fondos y allí directamente en los tickets aparecen los numero de asiento.

50. CREA COMPETENCIAS DE EQUIPOS CAMBIANTES

La competencia suele crear un escenario de interacción que muy pocas otras situaciones pueden crear. El ser un equipo y que haya un objetivo nos conecta y por eso las competencias cortas son una buena herramienta para facilitar el intercambio y las amistades.

En algunos grupos se le tiene miedo a la competencia porque hay algunos terrícolas que tienen la predisposición a enojarse cuando compiten, pero esto puede ser controlado de dos maneras: la primera es que las competencias sean cortas para evitar que siempre compitan contra las mismas personas y la segunda es que tu equipo de líderes tenga la madurez y la actitud necesaria para identificar que un juego es un juego no importa de qué deporte o arte se trate ni quien vaya a ganar.

Las mejores competencias para facilitar integración son aquellas donde cada equipo debe hablar y armar una estrategia y no solamente correr atrás de una pelota.

Incluso las competencias sirven para incrementar el nivel de pertenencia y por eso hasta competir con otra iglesia en algún campeonato deportivo va a servir a que tus adolescentes se integren.

IDEAS

para involucrar a los padres

51. TUS COMPAÑEROS DE EQUIPO

Por si no lo sabías, los papás de los adolescentes a los que sirves, son parte fundamental de tu ministerio. Ellos son los líderes naturales que Dios les dio y tu tarea es simplificar la de ellos y trabajar a su lado en la formación espiritual de esos chicos que tienes a tu cuidado mucho menos tiempo de lo que los tienen ellos. Que algunos de ellos son difíciles o no se interesan o no te quieren es parte de la gran historia del liderazgo de adolescentes de todas las geografías, pero nada de eso significa que

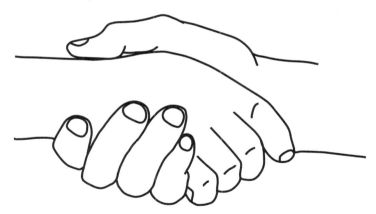

tú no debas servirlos y que tiene un valor estratégico hacerlo tanto para tu misión como para tus actividades así que sírvelos y otra vez, sírvelos y mantenlos en el radar a la hora de planificar tus actividades y calendario para que realmente se conviertan en tus compañeros de equipo.

52. SEÑORES PADRES

En muchas congregacio-
nes hay familias cuyos
hijos adolescentes van a
las reuniones generales
de los domingos, pero no
van a las reuniones de
su edad y si te acercas a
ellos el rumor es que la razón es que esos adolescentes
no quieren ir. Pero debes saber que hay otra razón y es
que esos papás no creen que es importante que sus hijos
vayan y por eso les dan la opción de no interesarse así
que no solamente debes atraer a los hijos, también debes atraer a los padres. ¿Cómo? Escríbeles una carta per-
sonalizada con sus nombres (averígualo) explicando los
beneficios de que sus hijos participen en el ministerio de
adolescentes. En www.e625.com encontrarás una carta
modelo que puedes copiar y pegar pero que es bueno que
también personalices con tu información. (Encontrarás
la carta en la web con el nombre "Beneficios de que los
adolescentes sean parte de grupo de la iglesia").

Firma la carta asegurando tu compromiso de trabajar
en el crecimiento espiritual de su hijo o hija y ofreciendo
que si tienen alguna pregunta con gusto estás disponible
para responder cualquier duda.

53. PROMOTORES

En la mayoría de los grupos juveniles lo usual al publicitar eventos es que los adolescentes inviten a otros
adolescentes, pero ¿Qué tal que los padres inviten a otros
padres a llevar a sus adolescentes? Realiza un video con

padres en la iglesia que puedan decirle a los jóvenes que los felicitan y que agradecen que otros padres los motiven a que vayan, así como ellos, llevan o motivan a sus hijos para que puedan estar buscando de Dios. Pasa este video en la reunión general para que otros papás se motiven a ser asertivos en la importancia de que sus hijos sean parte del programa de adolescentes de la iglesia.

Papá y mamá son quienes pagan el campamento, el congreso o el concierto así que cuando promocionas eventos para los adolescentes piensa también en por qué ellos quieren hacer esa inversión.

54. FACILITA SU APRENDIZAJE
Todos los padres queremos ser mejores padres y no hay demasiada ayuda practica disponible más que algún sermón suelto que muchas veces solo agrega culpa.

Algunos padres se sienten incómodos con la posibilidad de que alguien les enseñe a ser mejores padres justamente por temor a que les hagamos sentir culpables o con el prejuicio de que si sus padres que no sabían demasiado los sacaron "buenos" a ellos... entonces ya tiene el modelo de cómo hacerlo.

Por otro lado, si prestas atención usualmente los

padres que compran los libros para padres son los papás que tienen las cosas "más en orden" así que la decisión de ayudar a los padres debe estar primero revestida de gracia. El propósito es ayudarles con una certera cuota de realismo porque no es fácil ser padres y ninguna familia es perfecta.

Dejando esto en claro, ahora si podemos al menos una vez al año organizar una conferencia para padres con especialistas que les ayuden a entender a sus hijos e implementar pasos practicos que les ayuden en la crianza de los hijos.

En e625.com estamos comprometidos a ayudarte con esto y tenemos un seminario que puedes llevar a tu congregación especialmente diseñado para facilitar el apredizaje de los padres y gracias a Dios hay otras organizaciones que también pueden ayudarte con esta idea.

Más allá de una conferencia anual también puedes regalarse un libro cuando por ejemplo sea su aniversario o puedes ofrecer algún curso si tienes a algún profesional accesible. Lo que no te recomendamos es dar una conferencia para padres si no eres padre por más que seguro tengas cosas que enseñarles a esos padres acerca de sus hijos. Ser un facilitador y no un sabelotodo es tu mejor estrategia.

55. PRESENTA UN PLAN ANUAL

En demasiadas iglesias hay líderes de adolescentes que se frustran cuando los padres no cooperan con sus planes sin ponerse en los zapatos de esos padres que tienen muchas otras cosas para hacer y no pueden adivinar cuales son los planes de la iglesia. Por eso es tan vital que, al comenzar el año, presentarles a los padres un plan con las fechas más importantes del calendario para que ellos se organicen.

Si ellos no saben que vas a hacer un campamento en julio, no te enojes de que en julio esa familia se vaya de vacaciones. Si vas a ir a un congreso en septiembre que requiere una buena inversión para el viaje, no te desanimes si cuando das el anuncio en agosto, muchos padres encuentran que es demasiado cara la actividad.

El fundador de e625 suele decir: nadie planea fracasar, pero muchos fracasan por no planear. Así que planifica las fechas más importantes del año y preséntalas a los padres al comenzar las actividades del año para que las marquen en sus calendarios y tanto la familia como tu equipo puedan trabajar de la mano.

56. CONSEJEROS, COCINEROS Y TAXISTAS

Los ministerios de adolescentes son mucho más eficaces y atractivos cuando involucran a padres que modelen madurez, protejan al quipo de líderes y promocionen a otros padres que sus hijos deben participar.

Apóyate en dos o tres matrimonios padres de adolescentes para tener un equipo activo de consejería y que puedan transportar a otros adolescentes cuando sus

padres no pueden traerlos o llevarlos o les da miedo que lo hagan en el transporte público. Puedes incluir a varios de ellos en tareas como cocina, seguridad y limpieza también y muchos de ellos estarán muy agradecidos de hacerlo por lo que el ministerio hace por sus hijos, además de estar ávidos de trabajar para el Señor.

Un par de padres en la puerta de la iglesia puede brindar mayor seguridad a todos (y que no se te escape nadie). Unos en la cocina pueden mejorar el menú de cada reunión, así como abaratar los costos de la comida y otros sentados al fondo de la reunión pueden asegurarte que tienes más ojos viendo lo que en verdad sucede en la reunión.

57. LA REUNIÓN DE PADRES

En los colegios las reuniones para padres son frecuentes. Puedes convocar una desde la iglesia.

Aprovecha la oportunidad no sólo para comunicar anuncios, sino para ayudarlos a mejorar como padres. No los juzgues ni los retes, tu estas para alentarlos en la dura tarea de ser padres. Un especialista o un padre con hijos ya en edad universitaria pueden ayudarte con una charla a corazón abierto.

Muchos padres transitan esta etapa con mucha dificultad y necesitan el acompañamiento y apoyo de otros.

Los padres deben conocer a los líderes de sus hijos y deben conocerse entre sí.

Por eso si tienes a tus adolescentes divididos por grupos, separa a los padres de acuerdo a esos grupos y que junto a los líderes conversen sobre los temas que les preocupan de la vida de sus hijos. Aceptar la relación de los padres cuyos hijos son amigos puede ayudar mucho a mejorar el cuidado de ellos (que se pasen sus números de celulares). A su vez esta división por grupos es una buena ocasión para que los líderes hagan una "devolución" a los padres sobre los adolescentes. Esta idea es diferente a la de la planificación porque esta reunión no se trata de las actividades sino de la comunidad de padres que se preocupan por sus hijos y pueden orar unos por otros. Y justamente, finalicen con un buen momento de oración.

IDEAS
para la consejería

58. LA LISTA DE CONSEJOS BÍBLICOS

Realiza un listado de varios personajes de la Biblia poniéndolos en una columna y al lado de cada nombre, crea otras tres columnas. En la primera vas a poner el problema o desafío que enfrentó ese personaje, en la siguiente cuál fue su respuesta al problema y en última lo que  Dios hizo como resultado de la segunda columna.

Por ejemplo, puedes usar a José y de desafío la escena de la tentación sexual con la esposa de Potifar (Génesis 39:1-20). La respuesta de José a la tentación fue resistir y huir y aunque tuvo que ir preso injustamente, en la última columna puedes poner que, gracias a su obediencia y disciplina, Dios lo convirtió en el segundo personaje más importante de Egipto luego de Faraón.

Este ejercicio pude ser muy rico en crear una lista comprensible de consejos bíblicos para distintos desafíos. Lo más importante es destacar el contraste entre la columna de los desafíos y el resultado final cuando se hizo lo correcto. Explora la Biblia con atención para hacer este estudio y si lo haces con criterio incluso podrías hacer un mural con el cuadro de los consejos para que les queden bien grabados con las citas bíblicas a tus adolescentes.

59. ELIMINA TABÚES CON ESTUDIOS DE CASOS

Atrévete a tocar temas de interés para los adolescentes poniéndoles a las conversaciones un nombre «picante». No temas ir «al choque», corriendo el velo al Tabú que tantas dudas genera en ellos, pero hazlo con astucia sin sobre simplificar en ¿está bien? o ¿está mal? que suele ser una pregunta infantil. Pornografía y piercings, drogas y alcohol, sexo, trastornos de la alimentación, bullying, otras religiones y sectas, el futuro, y muchos otros temas pueden ser tocados con preguntas de discusión en grupos pequeños para luego compartir principios bíblicos para evaluar las mejores respuestas pero una gran herramienta son los estudios de casos donde en vez de responder el típico está bien o está mal se aborda el tema de una manera más completa pensando en las distintas personas involucradas en una historia.

Un estudio de caso es una escena dónde hay personajes que se encuentran en un dilema y esos personajes deben relacionarse a situaciones normales para tu público. Usa la imaginación para escribir los casos que muchas veces pueden ser historias que ya viviste o de las que conoces, pero con los nombres y la descripción cambiada.

Esquivar los temas candentes es una mala idea porque tus adolescentes ya hablan de esas cosas en el colegio, ven de ellas en internet y escuchan ideas no bíblicas en los medios masivos de comunicación.

Siempre es más fácil tratar temas candentes usando una pisca de humor y buenos datos investigativos además de hablar de historias y no de acciones sueltas, pero, sobre todo, asegúrate de empaparte del tema a la luz de la Biblia, y sé cuidadoso de las consecuencias comunitarias de lo que vas a enseñar, aunque hazlo con urgencia antes que sea el mundo quien va educando a tus adolescentes.

60. MINI CONSEJOS VISUALES

Esta generación está acostumbrada a ver pantallas más que hojas de papel y también podemos usar este código para plantar en sus corazones un mensaje de parte de Dios y de paso explorar  los dones dentro del grupo y ayudarlos a incentivarse los unos a los otros en la dirección correcta.

Encuentra una persona (o más) que sepan de filmación y edición de videos. No necesitas una gran cámara sino sólo un lugar con mucha luz y dónde se pueda escuchar bien lo que dicen. Escoge a algunas personas que puedan dar un consejo- papás, algunos adolescentes, jóvenes universitarios, el pastor y graba videítos de no más de 3 minutos diciendo: Si tienes que elegir entre.... -Y el consejo. Haz varios de estos y los puedes usar todo el año.

61. DEVUELVE LAS PREGUNTAS

Los mejores consejeros no son quienes dan las soluciones masticadas a sus adolescentes sino quienes les ayudan a ellos a descubrir las repuestas a sus propias preguntas. Luego de que ellos te hacen una pregunta, en vez de responder directamente, puedes al mejor estilo de Jesús devolverles la pregunta preguntando ¿Y tú qué crees? Y luego de que te respondan, volver a preguntar- ¿Y qué creen en tu familia- tu papá o tu mamá por ejemplo? De esta manera les harás hablar- hacerse sentir escuchados- pensar y facilitar que descubran el mejor consejo por si solos.

62. EL LUGAR Y EL MOMENTO OPORTUNO

Los momentos oportunos para conversaciones importantes hay que crearlos. No hay que esperarlos, sino que hay que provocarlos en la situación justa. Toda iglesia debiera tener una sala de consejería donde la gente se pudiera sentar cómoda para hablar, pero si no la tienes elije un aula o una oficina.

No temas hacer citas de consejería para poder prepararte. Algún café o sitio de hamburguesas es otra posibilidad, pero no son el mejor escenario para hablar cosas más íntimas dónde puede ser que tu adolescente tenga que contar algo muy emotivo que lo haga llorar.

El hacer citas de consejería también crea la mejor oportunidad para hablar de actitudes o acciones equivocadas que no es bueno corregir en público en el momento que las hacen.

Demasiado seguido la corrección viene en el preciso momento en que se comete un error y la circunstancia hace que solo perciban un regaño sin comprender una lección así que crear el lugar y el momento oportuno es también el mejor escenario para ser la mejor clase de coach que puedas ser de tus adolescentes.

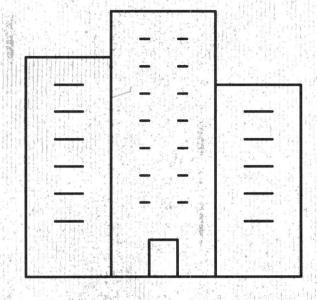

IDEAS

para brillar en la comunidad

63. EMBELLECE UN LUGAR PÚBLICO

Elige un sector de tu ciudad para embellecer con tu grupo de adolescentes. Puede ser desde una zona donde siempre hay demasiada basura, algún terreno al que nunca le cortan el pasto, una plaza descuidada o un muro que necesiten tapar groserías que algunos le escribieron encima. En este caso, hasta pueden hacer una obra de  arte encima que también pueden firmar con el nombre del ministerio de adolescentes o el nombre de la iglesia.

Pide permiso para hacerlo y hazlo oficial para que pueda ser un testimonio el que lo hayan hecho los adolescentes de tu congregación. Saca fotos del esfuerzo y envíalo a un diario local o alguna página de redes sociales que sea de la zona.

64. GEL ANTISÉPTICO PARA LOS LÍDERES DE OPINIÓN

A todo el mundo le gusta que le regales cosas que sirven y una posibilidad de ganarte el favor de tu barrio o comunidad es visitar con tus adolescentes a los comerciantes que siempre son frecuentados por personas de la iglesia y les hagas un regalito a ellos.

Una gran idea para ese regalo que es muy accesible pero siempre útil son esos geles pequeños para limpiarse las manos que tienen desinfectante. Elige al menos unos

4 bloques (manzanas) alrededor de tu congregación y separando a tus adolescentes de a 3 o 4 envíalos con este regalo a agradecerles porque quizás sin saberlo siempre están recibiendo gente de tu iglesia y hoy querían darse a conocer.

Instruye a los chicos a preguntar nombres y anotar pedidos de oración. El mensaje que deben recibir los comerciantes es que a pocas cuadras hay una iglesia que desinteresadamente quiere bendecirles y que les regalan ese desinfectante porque ellos han escuchado un mensaje que ha limpiado su vida de mucho dolor y cosas malas.

Si tienes la capacidad incluso puedes ir más allá y en el envase poner el logo de la iglesia y, si quieres, sutilmente, un versículo que bien podría ser Isaías 1.18 que habla de cómo el Señor lava los pecados.

Los comercios son lugares donde la gente habla y esos comerciantes tienen un efecto sobre la opinión del barrio así que ganártelos a ellos es una manera de facilitar un mejor testimonio de tu congregación y una oportunidad de involucrar a tus adolescentes como embajadores de la Iglesia.

65. BENDICE A LA POLICÍA

Sorprende con café y algo dulce a los policías en la estación de tu ciudad o a los vigilantes que se encuentran en las garitas de seguridad. Ellos trabajan en un ambiente hostil todo el día y toda la noche arriesgando su vida y, por lo general, nadie les agradece. Más de una vez sienten miedo y soledad. Puedes acompañar lo que lleves con una tarjeta que diga "Gracias por cuidarnos. Dios quiere hacer lo mismo contigo. Llámame cuando estés en problemas y yo te rescataré. Salmo 50.15".

(Puedes ampliar el proyecto alcanzando otros rubros que funcionan de noche, como el personal de las cabinas de las autopistas).

66. LA NUMERACIÓN DE LAS CASAS

Haz un relevamiento de todas las casas que no tengan cartel con dirección postal en las cuadras alrededor de la iglesia y diseña uno de buena calidad y luego regálaselo a cada casa. Si lo utilizan, tu obsequio quedará expuesto a la vista de todos por años o décadas.

No hace falta invertir mucho dinero, más bien imaginación. Un trozo de madera barnizada con el número de calle ya es una ayuda y los mismos adolescentes los pueden hacer.

67. LIMPIA LA MANZANA O LA CALLE DE LA IGLESIA

Con escobas, palas y bolsas que traigan los chicos de sus casas salgan a barrer la zona continua a la iglesia.

Divide a los chicos en grupos y asígnale una o dos manzanas a cada uno de ellos. Tomen fotos de cómo estaban las cuadras antes y después. Se cuidadoso y que todos lleven guantes para prevenir peligros y contagios. Si todos llevan una camiseta o pechera del mismo color llamarán la atención de los vecinos.

Felicita a los comercios que tengan su vereda en condiciones. Sácale fotos como un elogio y súbelas a una fan page para que luego los galardonados se busquen.

68. CREA EL DÍA DE LA CIUDAD O CELÉBRALO SI YA EXISTE

En todo el Nuevo Testamento podemos notar que las iglesias tenían una fuerte conexión con la ciudad en dónde se encontraban y, de hecho, la misma ciudad le daba el nombre a cada iglesia. Obviamente debemos respetar el lugar donde se encuentra nuestra congregación y ser un faro de la luz de Jesús en donde nos encontramos así que nuestras comunidades no pueden darse el lujo de ser entes alienígenos en donde nos encontramos.

La ciudad debe notar que estamos allí y una buena oportunidad para que eso suceda es ser los facilitadores o anfitriones o cómplices de celebrar a la ciudad en su fecha de fundación o día que se celebre y una idea es preparar un stand en la plaza principal donde se pueden hacer muchas cosas comenzando por orar por la ciudad, pero también hacer alguna muestra ecológica o involucrar a los niños pequeños

en juegos que los hagan pensar (embocar la "basura" en el tacho, jugar al jockey con escobas) y arte callejero de todo tipo celebrando a la ciudad.

Te aseguramos que harás quedar muy bien al pastor con la alcaldía o municipalidad y abrirás muchas puertas para tu congregación dando un gran testimonio.

64. ROPERO SOLIDARIO

Casi todos tenemos ropa que no usamos y aún tus adolescentes la tienen. ¿Qué tal hacer una colecta para ir a entregar en alguna zona pobre que tengamos cerca? O si estamos en una zona necesitada sería sensacional hacer un día de ropero solidario dónde la gente puede acercarse a elegir alguna prenda que se puedan llevar.

Haz este emprendimiento con responsabilidad y orden pensando en cada detalle de cómo vas a repartir la ropa y según qué condiciones y cómo los adolescentes pueden ser los protagonistas.

La ropa para niños suele ser muy valorada por las familias más necesitadas y te da la posibilidad de controlar mejor a quién le vas a dar la ayuda.

Esta es una idea para que conviertas en tradición haciendo esta actividad una o dos veces al año y con mucha anticipación.

70. El BANQUETE POPULAR

Busca un lugar céntrico de tu ciudad para darle de cenar a la gente que vive en la calle.

- Pidan permiso en el Municipio para utilizar un sector de una plaza.

- Pongan un nombre agradable al proyecto.

- Conformen un equipo de cocineros y colaboradores que estén dispuestos a servir durante un tiempo determinado.

- Establezcan un menú cuya elaboración pueda ser sencilla y abundante a la vez.

- Conformen un equipo de voluntarios que lleven la comida a la plaza. (Tratar que haya buena presencia de varones).

- Saluden a todos, orar y entregar la comida.

- Acérquense a las personas para forjar una relación con ellos.

- Utilizar material descartable para favorecer la higiene.

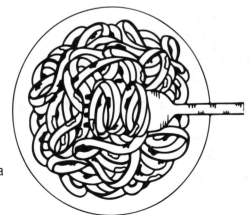

- Antes de irse dejen la plaza limpia, incluso mejor de cómo la encontraron.

71 LA MARATÓN

Si tu ciudad no tiene una, organiza una carrera con un fin solidario. Ve a la Dirección de Deportes de tu ciudad o municipio para que te ayuden. Puedes hacerla gratuita para que pueda participar toda la familia si consigues algunas empresas que hagan de sponsors o cobrar un registro para que haya un buen premio que incentive la participación. Usualmente lo mejor es ambas cosas. Patrocinadores para los premios y un precio de registro para los gastos administrativos y el resto que se recaude para el fin benéfico que puede ser para un hogar de ancianos o el hospital vecinal. (La institución que elijas será la primera sorprendida y la que más querrá que la maratón sea un éxito). Involucra a toda la iglesia y quizás hazla la sede o al menos una sede del registro para que todos pasen por allí

IDEAS

para recaudar fondos

72. LA GRAN SUBASTA

Todos necesitamos dinero para las actividades especiales o materiales y recursos que requerimos en el ministerio y las subastas pueden ser una gran idea para sorprender y sorprendernos y levantar una buena cantidad de ayuda. Si buscas online verás que las  subastas suelen ser el mecanismo por el que se venden las cosas más curiosas y caras del mundo y pueden ser un proceso muy divertido para vender cosas que la gente te done y sacar un precio por cada una de ellas.

Busca en Youtube cómo hablan de rápido los subastadores y consigue que alguno de tus adolescentes más chistosos aprenda a hablar así. Prepara un lugar para exhibir cada cosa que vaya pasando y dale a los participantes numeritos o cartelitos para subir cuando quieren decir el precio que están dispuestos a pagar por algo. Imita lo que veas online, incluso la decoración.

Pero el éxito de una subasta empieza por conseguir cosas buenas para subastar. ¿Cómo conseguirlas? Empieza por contarle a toda la iglesia con tiempo lo que van a hacer y que necesitas donaciones de cosas buenas para poder subastarlas y que otros las compren, explicando la razón por la que necesitas el dinero o contando lo que vas a hacer con él. Luego puedes ir a negocios y empresas a contarles lo que vas a hacer y conseguir algunas cosas también. Incluso puedes contactar a editoriales a ver si te regalan una colección de libros de alguna serie grande y puedes poner en la publicidad a la editorial por esto o también puedes contactar a sellos musicales y que te consigan algún poster firmado por los miembros de alguna banda musical que sea popular y que alguien de tu iglesia pueda apreciar.

Usa la imaginación y prepárate con tiempo. Una buena subasta puede ser un gran puntapié para contar con un buen presupuesto y si la conviertes en un evento anual y la haces cada vez mejor... puede ser todo un hito para tu ministerio.

73. LA COPA DE TU IGLESIA

Crea campeonatos en los deportes de más interés en tu comunidad determinando un valor para la inscripción. Asigna buenos premios y tomate en serio el arbitraje ya que suele ser la causa del fracaso de la mayoría de los campeonatos.

Invita a otras iglesias y hazlo por edades y si quieres darle un toque creativo puedes requerir que todos los equipos sean mixtos.

74. LA FERIA DE LAS NACIONES

Elije una buena fecha y separa a tus adolescentes en grupos representando a distintos países para que ellos preparen cómo representar a ese país ofreciendo algún tipo de servicio en el día de la feria. El servicio puede comenzar por comida típica del país que ellos preparen, pero también pueden ofrecer otras cosas como venta de ropa, collares o adornos y también servicios de peluquería, uñas o cosas más inesperadas.

Puedes completar la feria con juegos de kermes donde la gente pueda embocar aros en botellas o encestar alguna pelota a distancia y no te olvides de actividades para los niños.

Incluye un escenario dónde en ciertos turnos a cada equipo de cada país le toca representar algo típico también y puedes tener un DJ animando la jornada con buena música poniendo algo de música de los países también.

Con la feria de las naciones puedes crear un día espectacular para las familias de tu congregación.

75. RECICLA

Busca en tu ciudad algún lugar que pague por aluminio, vidrio o cartón reciclado y haz una campaña con tus adolescentes para conseguir todo lo que puedan de ese material.

La campaña puede durar un tiempo determinado o puedes tener un lugar asignado para eso todo el año en un barril, boteo caja que los miembros de la iglesia van llenando y cada vez que se llena lo vas a cambiar por dinero.

El reciclaje es una buena idea porque es fácil de hacer, es positivo para el medioambiente y crea en los adolescentes la emoción de ser parte de una causa positiva a la vez que aportan a la iglesia.

76. SERVICIO DE TODÓLOGOS

Recluta un equipo de voluntarios para hacer varias tareas en las casas como cortar el pasto, limpiar las ventanas, mover muebles, hacer una mudanza, pintar alguna pared o reparar algo y 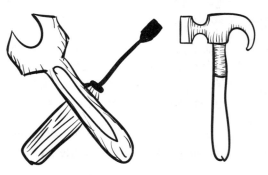 luego anuncia en la iglesia que vas a destinar un sábado para que puedan contratar 2 Todólogos (que hacen de todo) para hacer esa tarea que necesitan hacer en sus casas pero nunca hacen a cambio de una ofrenda, Quizás si puedes poner un precio accesible por actividad porque no es lo mismo plantar un par de flores o pintar una pared que cambiar muebles grandes de una habitación a otra.

Para esta idea hay dos claves. La primera es tener un buen grupo de adolescentes que estén dispuestos hacer de todo por la causa, y la segunda publicitar bien por algunos fines de semana de qué se trata la actividad y que el dinero recaudado será para comprar instrumentos, becar chicos para el próximo campamento o bajarles el precio a todos, o hacer un festival evangelístico trayendo a algunos invitados especiales a los que hay que pagarles sus gastos. Tu sabes para que lo vas a usar, pero tienes que dejarle saber también a la gente.

Esta es una idea genial cuando es bien ejecutada porque le das un servicio a los miembros de la iglesia por el que probablemente en algún momento iban a pagar (y les iba a costar más caro), recaudas dinero para el presupuesto del ministerio e involucras a tus adolescentes en ser los protagonistas que aportan a la causa.

La recomendación final es que los envíes de dos en dos porque acompañados es más divertido y además que tus chicos tengan algún nivel de capacidad para hacer la tarea por lo que es mejor que los miembros de la iglesia te expliquen qué es lo que necesitan hacer en sus casas antes de asignar a los voluntarios a la tarea.

IDEAS

para evangelizar

77. PULSERAS CON MENSAJE

Seguramente entre tus adolescentes tienes algunos que son hábiles con las manos y más artesanales y otros que no tanto, pero pueden encontrar divertido que un día se pongan a fabricar algo que van a regalar.

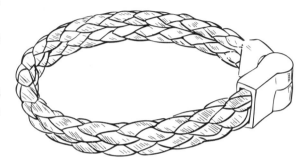

La idea es hacer con ellos pulseras de 3 colores. Negro que simbolice nuestra vida pasada, rojo que simbolice la sangre de Jesús y blanco que simbolice el perdón y la nueva vida en Dios. Fabricarlas es parte de la tarea, pero si en algún lugar las venden, también las puedes comprar.

Luego la idea es salir a lugares específicos a regalarlas y al entregarlas explicar su significado. Escoge un lugar que sea atractivo para tus chicos y también seguro. Entrénalos para que se sepan bien el mensaje de las pulseras y dales algunas herramientas extras de evangelismo para estar preparados para preguntas. La idea de evangelizar en la vía publica nunca es debatirr si no dar un mensaje de amor así que puedes instruir a tus adolescentes que el mensaje fundamental de la pulsera es que Dios nos ama a pesar de todo.

78. LA IMPORTANCIA DE LAS FIESTAS

En la Biblia podemos aprender que el calendario del pueblo de Israel estaba planteado alrededor de 7 fiestas. Cada una de ellas destacaba aspectos distintos de la identidad de Dios y de su trato con su pueblo y los hebreros las usaban para recordar a sus hijos quien era Dios y lo que había hecho por ellos, pero también para que otros pueblos supieran quien era el Dios de los hebreos.

Una fiesta es siempre una gran oportunidad y tristemente en la iglesia de recientes décadas hemos convertido al evangelismo en algo demasiado solemne y previsible.

Festeja a Dios en una piscina, en una casa, en lo alto de una colina, en la playa de noche alrededor de una gran fogata o de lo que en el lugar donde vive tu gente tienes a disposición. Festeja el día del amigo y habla del mejor amigo de todos. Festeja la llegada de la primavera y habla de quien puede hacer florecer nuestras vidas como ningún otro. En navidad festeja el cumpleaños de Jesús como un gran cumpleaños y no con otra reunión como la de cada domingo o sábado solo que con una obrita de teatro navideño (que no tiene nada de malo, pero ¿no podemos hacer otra cosa?)

Salte del templo y tírate una buena fiesta para Dios con comida y diversión y allí habla de Jesús. Los amigos de tus adolescentes estarán mucho mejor predispuestos para ir a una fiesta a un lugar diferente que al templo cristiano. Ya tendrán luego tiempo de ir allí.

79. CONTRATA TU FUNCIÓN

De tanto en tanto Hollywood nos regala alguna película con un contenido edificante, que no necesariamente tienen que ser películas de historias de la Biblia, aunque también hay de esas cada tanto. Hoy además hay productoras cristianas que están produciendo películas con un mensaje y estas películas se encuentran en distintas salas de cine. La idea aquí es conseguir una sala de cine completa para invitar amigos a ver específicamente esa película contando porque los invitas a verla y obviamente dando la información acerca de la iglesia.

Esta es una oportunidad para que tus adolescentes inviten a sus amigos al cine gratis... (ya te das cuenta el atractivo). Ya lo sabes, por lo regular es más fácil para el joven invitar a un amigo al cine que a un templo cristiano, y al invitado le es más cómodo ir al cine que a la iglesia. Más allá del mensaje de la película, este es un gancho para ganarse su confianza y posteriormente invitarlo a la iglesia.

80. VIDEO ENTREVISTA TESTIMONIAL

Los viejos y tradicionales testimonios pueden convertirse en una nueva experiencia y una poderosa herramienta en un formato de entrevista en video.

El foco sigue siendo cómo la persona entrevistada llegó a los pies de Cristo o como Él ha ido transformando sus vidas, pero esta vez es alguien mirando a una tercera persona en un video y lo ideal es que no se escuchen las preguntas.

El video se puede ilustrar con fotos de la infancia del adolescentes o su familia o la escuela o alguna escena que están relatando.

Quizás te suene a demasiada producción, pero los tiempos han cambiado y muchos adolescentes están listos para editar videos de esta manera.

81. EL PODER DEL SERVICIO

El corazón del evangelismo es el amor y por eso pocas estrategias superan el combinar compartir las buenas nuevas con buenas acciones de servicio. El servicio a la gente siempre es relevante y alguien que recibe ayuda siempre está mejor predispuesta a escuchar el mensaje que trae el ayudador. Organiza campañas de ayuda comunitaria en tu ciudad, pero con un énfasis evangelístico. Lleva a tus adolescentes a una zona muy necesitada para salir casa por casa con algún regalo y también el mensaje de Jesús. Ora por cada hogar al dejar el regalo y luego puedes hacer una fiesta o un concierto en algún lugar público del lugar. Varias de las ideas que encuentras en este libro y en la página de www.e625.com encuentran una misión más clara y poderosa cuando las relaciones al evangelismo.

IDEAS

para mejorar tus mensajes

82. LA BIBLIA EN 4D

Meterles la Biblia a los adolescentes es una cosa, pero meterlos en ella es otra y esta segunda es mucho más poderosa. El secreto está en la contex-

tualización de las historias. ¿Qué quiere decir eso? ¿Qué tal si los mismos personajes tuvieran los mismos diálogos, luchas y preguntas en México, Argentina o Colombia'? ¿Cómo sería "tropicalizar" la escena sin cambiar los principios y el corazón de lo que Dios quiso comunicar incluyendo esa escena en la Biblia? La clave está en que tú te metas primero en el texto y lo veas en tiempo real. Quizás la Biblia menciona dos personas hablando, pero ¿qué hay alrededor? ¿a qué hora se dio el dialogo? ¿qué comían? ¿Y si el dialogo fue por teléfono? Todos estos detalles pueden ayudarte a conectar a tus oyentes con lo que cuenta el texto bíblico porque la Biblia no es un libro de historia sino un libro de principios enmarcados en muchas historias que debemos ayudar a los adolescentes no solo a saber qué fue lo que ocurrió o que se dijo sino a entender lo que quieren decir y conectarlo con sus realidades.

83. DESDE EL CORAZÓN Y CON LA MENTE

En términos comunicacionales quienes enseñamos podemos hablar de mente a mente o de corazón a corazón.

En otras palabras, explicar para que entiendan o explicar para que sientan y lo mejor es cuando logramos ambas cosas. Pensar y sentir deben ir de la mano, pero demasiado seguido escuchamos conferencias que o solo le hablan a la razón o solo le hablan a la emoción.

Los adolescentes necesitan que estemos preparados para nutrir sus mentes y estimular sus corazones y por eso es tan importante preparar bien los mensajes para que contengan instrucción bíblica y no solo alegorías e historias personales o conmovedoras, pero además claro que deben tener una conexión a nuestras emociones y ahí si es donde entran las historias, los testimonios y hasta el uso del humor.

Siempre que prepares un mensaje piensa en estos dos aspectos ¿Estoy explicando algo que dice la Biblia y que enriquece el conocimiento de mis adolescentes o solo le estoy hablando a sus emociones? Y a la vez ¿Estoy conectándome con sus sentimientos y ayudándoles a sentir lo importante de lo que les estoy explicando? Medita en ambos componentes cada vez que te prepares para hablar y tus mensajes serán cada vez más poderosos.

84. DEJA DE MONOLOGAR

Predicar no es sinónimo de dar un monologo de más de 40 minutos acerca de temas religiosos. Predicar la apalabra de Dios es compartir principios de la palabra de Dios

para que tus oyentes puedan aplicar a su vida así que la predicación no se reduce a pararse al frente y hablar a solas por cierta cantidad de minutos.

Como alternativa y para no dejar de la noche a la mañana una costumbre que lleva siglos (aunque no viene de los que sucedía en las sinagogas o las catacumbas sino de mucho después) usa preguntas mientras hablas y deja que los adolescentes respondan en voz alta o le respondan al de al lado o en grupos de a 3. Habla más corto o separa los puntos principales del mensaje entre distintas personas. Por ejemplo, si la predicación promedio dura 45 minutos, pueden hablar tres personas por 15 y entre los 3 compartir 3 puntos distintos del mismo mensaje. Otra opción es usar hojas de actividades o cuestionarios al comenzar, durante o al cierre y dar ilustraciones en clips de videos y otra posibilidad es también separar el mensaje en partes con alguna canción en el medio de cada tramo o usar teatralizaciones espontaneas o dinámicas y juegos como parte de la "predicación."

85. APROVECHA LA TECNOLOGÍA PARA TODO.

Puedes tirar una consigna y que la respuesta la manden a través de sus teléfonos y premiar a los primeros cinco que te escriban. Si

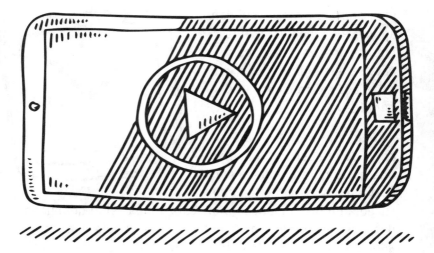

proyectas la imagen de tu celular incluso será más emocionante porque verán el mensaje de quien llega primero y las respuestas de los demás.

Puedes traer a un invitado y entrevistarlo de la misma manera abriendo a que los chicos pregunten escribiéndote por mensaje. De esa forma podrás organizar mejor el tiempo y las preguntas.

Puedes hacer el llamado de una prédica sin exponerlos pidiéndoles que levanten la mano y dándoles un número para que escriban. Esto puede funcionar en casos donde asumir algo es vergonzoso o también puedes usar los servicios de llamados online para comunicarte con alguien en otra ciudad y que comparta la reunión a la distancia.

La tecnología es parte del mundo de tus adolescentes así que asegúrate que es parte de tus actividades también.

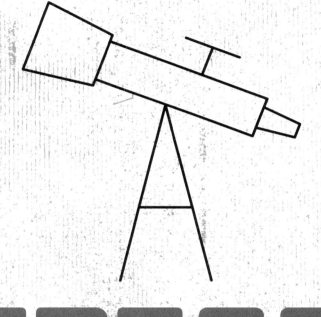

IDEAS

para noches especiales

86. UNA NOCHE DE PELÍCULA

Las películas suelen ser buenos puntapiés para pensar juegos, decoración y reflexiones inolvidables y hoy hay muchas películas cristianas o incluso de Hollywood con mensajes que perfectamente pueden ser el foco de una reunión e incluso una gran oportunidad evangelística.

Un ejemplo de películas que les gustan a los adolescentes que puedes usar son las de la serie de novelas escritas por Verónica Roth llamadas "Divergente" porque pueden ser un buen disparador para mostrarles a los chicos lo positivo de ser diferentes y contraculturales.

El lema de esas películas es: "Lo que te hace diferente, te hace peligroso" y no hay dudas que podemos relacionar esa idea a distintos textos de la palabra de Dios como Mateo 5:13-16 o Romanos 1:16 o 1 Pedro 1.16 por ejemplo.

Un ejemplo clásico son las de la saga de "Volver al Futuro" con Michael Fox porque te dan la posibilidad de hablar de cómo uno puede cambiar la historia de su propia familia tomando las decisiones

adecuadas. O quizás puedes ir más allá y pintarte todo de azul y simular los personajes de "Avatar", la película de David Cameron y armar una competencia entre dos equipos si no se quedan dormidos luego de ver la película.... ¿Por qué no? Siempre recuerda que las personas son sagradas y el mensaje lo es, pero las reuniones no lo son y ni siquiera el templo lo es porque Dios no habita en templos hechos de manos de hombres (Hechos 17.24).

Sea que veas una película completa o solo un par de partes siempre conecta lo que vean (y por las dudas: asegurarte de haber visto la película antes de mostrarla a tus adolescentes...) con una enseñanza bíblica clara.

87. LA REUNIÓN DE SUS SUEÑOS

Divide a tus adolescentes en pequeños grupos (entre 5 y 12 personas), y permite que ellos, con algún líder que supervise, planeen y propongan "la reunión de adolescentes de sus sueños."

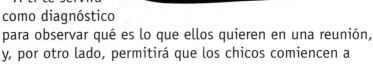

A ti te servirá como diagnóstico para observar qué es lo que ellos quieren en una reunión, y, por otro lado, permitirá que los chicos comiencen a descubrir y expresar sus dones y talentos... Y a tomar más responsabilidades cuando por sorteo o mediando una competencia, dejes que uno de esos grupos lidere esa reunión para los demás en otra fecha.

Otra opción es ¿Cómo sería una reunión donde los chicos eligen el orden de todo lo que sucede?

Puedes establecer 4 o 5 bloques que sean "movibles": El juego, un video, un material para leer, una dinámica, la alabanza.

Para elegir el orden de los bloques movibles coloca sillas con carteles y los nombres de cada sección. Los chicos podrán elegir el bloque parándose atrás de la silla que quieran. La sección con más chicos gana. A así toda la noche. Al final La reunión saldrá como ellos quieran, pero con el contenido que tu preparaste.

Dejar que los adolescentes asuman un rol de planificación y no solo de acción te dará la pauta de quienes tienen buenas ideas o a la capacidad de ejecutarlas y les brindará un protagonismo distinto y la posibilidad de que vean las reuniones con tus ojos generando en ellos mayor empatía.

88. LA NOCHE DE NO MÁS ZOMBIS

Esta es una gran noche para un campamento, o para irrumpir en alguna reunión de jóvenes sin aviso porque puede dejar un mensaje inolvidable grabado en la cabeza de los jóvenes: Estábamos muertos, hasta que Cristo vino al mundo y, con su sangre como cura, nos dio vida. "Si alguno está en Cristo, es una nueva creación. ¡Lo viejo ha pasado, ha llegado ya lo nuevo!" (2 Corintios 5:17)

Puedes disfrazarte con tu equipo de zombis, perdón, líderes, y hacer que los adolescentes deban buscar el "antídoto", sin ser atrapados por los muertos vivos que andarán por el lugar, al acecho de cerebros adolescentes.... El juego puede ser una búsqueda del tesoro muy simple encontrando algunos textos acerca del tema en la palabra de Dios o también puede ser parte de los códigos secretos que compartas en tu mensaje o en los videos que preparaste para la ocasión.

Esta idea es mejor llevarla a cabo con mayores de 15 años: si la escenografía y las actuaciones son buenas, puede asustar y generar pesadillas en chicos más pequeños, aunque no conocemos a nadie que se haya muerto por un poquito de miedo.

89 LA NOCHE DE ELLAS Y LA NOCHE DE ELLOS

Haz que una vez al año los hombres armen un homenaje a las mujeres que incluya un buen programa que abarque toda la reunión. Luego en otra ocasión que las mujeres hagan lo propio con los varones.

Hoy vivimos en una sociedad que desdibuja y desmerece nuestras diferencias y pretende poner a un género por encima del otro en una continua competencia sin valorar que Dios nos hizo para completarnos así que la idea es que los adolescentes sean los protagonistas en destacar que Dios nos hizo distintos y es bueno respetar al otro sexo. Claro que puedes hacer ambas cosas en una sola reunión y no dos, pero un programa completo puede ser todavía más claro en crear la conciencia de las necesidades, aptitudes y características del otro sexo.

90. LA FIESTA DE LAS REDES SOCIALES

Los adolescentes de hoy usan continuamente las redes sociales y aunque esta realidad preocupe muchas veces a los adultos, debemos hablar del tema con los adolescentes en una atmosfera positiva para ayudarles a controlarlas en vez de solo demonizarlas ignorando que también tienen aspectos positivos. El punto es enseñarles a controlarlas en vez de dejarse controlar por ellas.

El problema no son las redes sociales sino dejarse gobernar por ellas y hacer una lectura ingenua de su poder así que para tratar el tema en el marco correcto y lograr que te escuchen es una buena idea comenzar por destacar lo bueno de las redes y una posibilidad es comenzar decorando el salón con tipografías, colores y logos de las redes más populares.

Conecta una a una común a un proyector o TV y que los chicos escriban y manden mensajes en vivo de sus opiniones de por qué les gusta una u otra red. Hazlos hablar. Ellos solos saben cuándo algo está fuera de lugar y a veces es mejor dejarlos corregirse entre ellos que corregirlos nosotros.

Pueden también armar un sketch dramatizando algunas costumbres extremas como para que se rían de ellos mismos y así darle un marco positivo a dialogar acerca de cómo hacer un buen uso de las redes sociales y cuales son conductas peligrosas y nocivas.

91 CELEBRACIÓN MULTISENSORIAL

El canto es la expresión más común de adoración que usamos hoy pero no es la única y, de hecho, cuando el viejo pueblo de Israel pensaba en adorar, ni siquiera pensaban en cantar. Y por eso es bueno enseñarles a los adolescentes que la adoración tiene que ver con poner a Dios en el primer lugar, honrarlo y sobre todo obedecerle porque confiamos que su voluntad es mejor que la nuestra así que podemos hacer una celebración donde además de cantar involucremos otro tipo de artes y también hablemos de la obediencia y el sacrificio entregando algún tipo de ofrenda simbólica en un altar.

Una buena opción es que mientras la música continua de fondo repartamos hojas y lápices de colores para hacerle un dibujo a Dios, también la experiencia puede incluir escribir un ensayo o poesía o ir más allá y hacer un grafiti en una de las paredes del salón.

Cierra la experiencia hablando del gran mandamiento en Mateo 22:37-39 y que dios derramó sobre ellos muchos talentos y es una gran idea ponerlos a su servicio para demostrarle nuestro amor.

Luego de la experiencia puedes colgar todo lo que hicieron y armar una linda expo.

92. LA NOCHE DE LOS SUPER HÉROES

Todos hemos tenido algún super héroe en la infancia y la adolescencia y quizás lo seguimos teniendo de adultos y lo bueno de ellos es que en general resaltan virtudes que todos admiramos y por eso presentan una buena oportunidad de discusión y juego con nuestros adolescentes.

Ambienta el lugar con cosas de super héroes y anticípales a todos de que se va a tratar la noche y que todos vengan disfrazados con sus super héroes favoritos. Si prefieres que el tema sea sorpresa, que todos en el equipo de líderes y algunos padres se disfracen de sus super héroes favoritos.

Para ambientar el tema puedes crear un video de clips cortos de distintas películas y series de super héroes donde ocurra algo chistoso o puedes editar el video mezclándolos con videos caseros que hiciste con los líderes y alternando con clips de las películas reales.

El tema de la noche, claro que debe ser el tema de la lección y puedes hablar de que el único super héroe que da la vida por los villanos es Jesús y resaltar las virtudes de Cristo como las verdaderas características de un héroe en serio.

Desafía a tus adolescentes a hacer pequeños actos heroicos durante la semana y la noche será un completo éxito.

93. El EXPO VOCACIONAl

Los mejores líderes de adolescentes siempre tienen en cuenta que sembramos en esta generación para una cosecha que trascenderá en el tiempo y en el espacio lo cual quiere decir que trabajamos con ellos no para ver todos los resultados de nuestro trabajo ahora mientras los tenemos en las reuniones sino luego en su vida adulta cuando tengan que poner en práctica lo que les enseñamos en sus casas, sus estudios y sus trabajos.

Como solemos decir en los eventos de e625.com, tu tarea no es hacer una linda reunión de adolescentes sino ser una plataforma de lanzamiento para que esos jóvenes alcancen su potencial en Cristo y hagan brillar la luz de Jesús donde quiera que vayan.

Por esta razón, debemos preparar a los adolescentes para el mundo universitario y laboral que les va a tocar en un futuro cercano y una buena idea es dedicar un día entero o al menos una tarde y una noche a que nos visiten distintos adultos de distintas profesiones que compartan cómo se puede servir al Señor desde esa profesión.

Asegúrate de tener distintas disciplinas representadas como algún médico, algún maestro, un comerciante, un emprendedor y si es posible algún artista y deportista. Algún test vocacional corto o completar una cuesta entre todos puede ayudar y sobre todo asegúrate que los adolescentes pueden hacerles preguntas a los profesionales.

94. El CALENDARIO ES TU GRAN ALIADO

Lleva varios calendarios a la reunión de planificación de tu equipo de trabajo. En especial si ya está a la vista preparar todo el programa del próximo año. En la mayoría de los calendarios ya hay fechas marcadas como el día de la madre o del padre o alguna fecha patria y allí ya tienes una buena pauta para planear cómo sacarles el mejor provecho a esas fechas.

Pasa un tiempo de oración con tu equipo mirando cada mes del año. Pide la guía del Espíritu Santo y planifica con propósito, estrategia y anticipación. La razón número uno de porque muchos programas para adolescentes no llegan a su potencial no es que somos aburridos, sino que no nos preparamos.

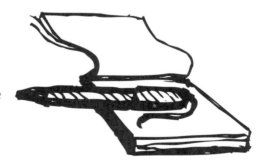

IDEAS

para afirmar la estima

95. RETRATOS

Elige a algunos adolescentes que quieras premiar o que sabes que necesitan un mimo emocional o cumplen años y busca fotos de perfil en redes sociales o píde-

selas a sus padres y luego hazles un efecto de retrato de lápiz con alguna aplicación de teléfono o programa de compu ya que hoy existen varios de esos que son muy accesibles y comunes. Imprime el retrato en una hoja normal de compu y ponlo en un cuadrito barato pero lindo y hazlo parte del decorado de la reunión. (Ponlos en una mesita en el escenario o cuélgalos de algún cartel de anuncios o en las paredes o puertas).

Otra opción es traer un caricaturista de esos que a veces están en los parques y que le pagues por la hora y hagan un retrato de ellos a la vista de todos y que se queda por si algún adolescente lo quiere contratar. (Aní-malo hacer retratos de grupo y más adolescentes estarán interesados).

Puedes dejar esos retratos visibles por un par de sema-nas y luego regalárselos a sus protagonistas.

96. LA LLAMADA

Prepara a algún papá o mamá de antemano anticipándole que a cierta hora especifica durante la reunión la vas a llamar para preguntarle alguna travesura de su hijo o hija y que esté dispuesta a contársela a todos porque vas a amplificar el audio del teléfono.

La historia debe ser corta y dile que la elija de antemano y si es posible hacer ver a su hijo o hija como héroe mejor. Que termine la llamada con un te amo a su hijo y termina la llamada.

Aunque al adolescente pueda darle un poco de vergüenza, la realidad es que se sentirá halagado porque lo tuvieron en cuenta y el resto conocerá mejor un detalle de sus vidas. Haz esta práctica cada tanto o durante un mes en el que hablas de la relación con los padres.

97. EL REPORTAJE

Al mejor estilo de las entrevistas intimistas de TV pueden probar hacer un reportaje semanal o al menos mensual a uno de tus adolescentes para que todos lo conozcan mejor. Aunque no hace falta que sepan todo

lo que vas a preguntarles, prepáralos de antemano para que puedan responder con seguridad al menos una o dos de las preguntas más importantes como, por ejemplo: ¿cómo conocieron al Señor? o algo especial que Dios haya hecho en su familia. Debe ser un reportaje de unos 12 minutos como máximo y ágil. Quizás el entrevistador no tengas que ser tú y puedes escoger a entrevistador dinámico que haga preguntas "picantes", y poner en la pantalla fotos de su infancia que le pediste a sus padres sin que sepan, Por último, escoge un buen lugar en el escenario o prepáralo como sitio de entrevistas con un buen reflector que realce su figura generarán un ambiente similar a la transmisión de TV.

98. DEL MURO DE LOS LAMENTOS AL MURO DE LAS CONQUISTAS

Haz una introducción afirmando que todos tenemos temores y todos hemos pasado por complejos o se han burlado de nosotros y luego entrega a los chicos un papel y algo para escribir para que anoten sus propios temores o su peor complejo allí.

Luego de escribirlo deben colocarlo en "el muro de los lamentos" que puede ser una de las paredes del salón dónde pusiste ese título o puedes construir uno de cartón u otros materiales livianos para la ocasión.

Luego de este ejercicio saca la luz el "Muro de las conquistas" que es otro muro que prepararon los líderes con papeles similares, pero que incluyan promesas bíblicas y palabras de afirmación basadas en algún texto bíblico. Filipenses 4:13 – Efesios 2:10 – Deuteronomio 31:8 deben estar allí seguro.

99. CLUBES DE INTERESES

Incentiva que los adolescentes que tienen los mismos intereses se hagan amigos y ayúdales a armar un club del hobby como seguro viste en las películas que sucede en muchas universidades de Estados Unidos y asígnales alguna misión. Puede ser que a algunos les guste leer y escribir y entonces les puedes asignar una serie de devocionales para compartir en las redes del grupo. Corrígelos, edítalos e imprímelos y eso les animará mucho. O quizás tienes varios adolescentes que son ultra fans de algunos videojuegos. Úsalo también a tu favor y que organicen un campeonato especial en la casa de alguno de ellos. Apóyalos y graba un video y compártelo también. O quizás tienes a los deportistas o los músicos, desafíalos a organizarse bien con una mentalidad de grupos abiertos a usar ese interés como herramienta para atraer a otros adolescentes.

En demasiadas ocasiones asociamos el servicio solamente a lo que sucede en la tarima del templo, pero todos estos hobbies que ellos tienen también pueden ser un catalizador del fortalecimiento del ministerio, la expresión de sus talentos y una manera de hacerlos sentir valiosos por quienes son y lo que les gusta.

100. LA NUEVA IDENTIDAD EN CRISTO

Nadie puede definir mejor nuestra identidad que nuestro hacedor y quien conoce con claridad quién es en los méritos de cristo siempre tendrá un sano sentido de valor. Visita www.e625.com y haz copias de "Lo que la Biblia enseña de mi identidad en Cristo" para regalarle a cada miembro del ministerio. Haz murales con estos textos para colgar o pegar en salón de los adolescentes. Pon esos textos en fotos de tus adolescentes para compartir en redes. Predica acerca de ellos. Haz un concurso de memorización y deja que ellos parafraseen (pongan en sus propias palabras) esos textos.

5

trampolines
de creatividad

1. DERROCHA GRACIA †=♡

2. CUIDA LOS DETALLES

3. MODELA ESFUERZO

4. TRABAJA EN EQUIPO

5. SÉ VALIENTE

✝ = ♥

derrocha
GRACIA

Una de las razones principales de por qué suele faltar creatividad en muchos grupos de personas de todo tipo es porque quienes son parte de ellos no perciben que hay espacio para el error. Es decir, todos tienen temor a equivocarse y que se los regañe o que se burlen de ellos y eso coarta la expresión y la creatividad. El temor es uno de los principales enemigos de la creatividad y el único antídoto contra el temor es el amor incondicional y la gracia que echan fuera el temor a expresarnos.

Enséñale a tus adolescentes que entre los cristianos podemos "equivocarnos en confianza" y algo puede salir mal y no es ninguna tragedia.

A distintos roles distintas reglas y el ministerio de adolescentes no es el lugar para que todo sea profesional y salga bien, sino que debe ser un refugio para que el perfume de la gracia haga que cualquier mal olor pase desapercibido.

La gracia es el primero y más poderoso trampolín para la creatividad de tu grupo.

Cuida los Detalles

Seguramente escuchaste por ahí que hay que hacer las cosas con excelencia, pero no muchos explican que eso no quiere decir que las cosas si o si tienen que ser perfectas ni tampoco se suele señalar que la excelencia se crea con pequeños detalles y no necesariamente los más vistosos. Por ejemplo. Demasiados lideres ponen toda su atención en lo que sucede en el escenario, pero no en lo que sucede en la entrada al saludar a los que recién llegan y ambas cosas tienen un impacto poderoso.

Siempre piensa en cada detalle de lo que sucede en tu ministerio y presta atención a lo que aparentemente nadie ve.

Modela el Esfuerzo

liderar es un privilegio que se gana sirviendo y los mejores lideres no le piden nada a sus liderados que ellos no estén dispuestos hacer. Claro que eso no significa que tú tienes que hacer todo, pero si significa que cuando les pides algo no es por comodidad o porque consideras que tú eres demasiado importante como para hacer esa tarea. Muestra esfuerzo y ellos se esforzarán. Muestra compromiso y ellos se comprometerán

Trabaja en Equipo

Si un ministerio depende de una sola persona es un ministerio débil, no importa cuantos asistentes haya en ese grupo. Cualquier tipo de éxito será aparente y pasajero.

El verdadero éxito tiene que ver con fidelidad a una misión y la misión de un ministerio cristianos a los adolescentes es el discipulado que acompaña a la madurez en Cristo y por eso en casi todas las ideas de este libro damos a tender que es fundamental que los adolescentes sean los protagonistas del ministerio y no solamente el público de un gran líder.

Trabaja en equipo con ellos, con otros líderes que sean buenos para lo que tú no eres bueno. Suma padres e incluso abuelos y apoya a otros ministerios de la iglesia. Dios nos hizo para vivir en comunidad y la calidad de tus relaciones es la verdadera calidad de tu vida.

Sé Valiente

Tus adolescentes y tu equipo se animarán a practicar la fe en la medida en que la vean en acción en tu vida. Demasiados ministerios se estancan porque, aunque tienen líderes que son buenas personas y tienen buenas intenciones, pero son líderes demasiado preocupados por la crítica o el fracaso o tienen un apetito exagerado por agradar a todo el mundo. Juégatela y se la jugarán quienes te siguen. Anímate a equivocarte y a ser criticado y ellos se animarán también. Equivocarse no es sinónimo de pecar. A veces las cosas salen mal pero nunca sabremos si funcionan si no probamos. Los que hay que hacer es medir costos y si el costo es simplemente que alguien piense que te equivocaste, ¿Qué importa? La historia no la escriben los que saben hacer las cosas sino quienes las hacen.

ALGUNAS PREGUNTAS QUE DEBES RESPONDER:

¿QUIÉN ESTÁ DETRÁS DE ESTE LIBRO?

Especialidades 625 es un equipo de pastores y siervos de distintos países, distintas denominaciones, distintos tamaños y estilos de iglesia que amamos a Cristo y a las nuevas generaciones.

e625.com

¿DE QUÉ SE TRATA E625.COM?

Nuestra pasión es ayudar a las familias y a las iglesias en Iberoamérica a encontrar buenos materiales y recursos para el discipulado de las nuevas generaciones y por eso nuestra página web sirve a padres, pastores, maestros y líderes en general los 365 días del año a través de **www.e625.com** con recursos gratis.

zona de contenido
PREMIUM

¿QUÉ ES EL SERVICIO PREMIUM?

Además de reflexiones y materiales cortos gratis, tenemos un servicio de lecciones, series, investigaciones, libros online y recursos audiovisuales para facilitar tu tarea. Tu iglesia puede acceder con una suscripción mensual a este servicio por congregación que les permite a todos los líderes de una iglesia local, descargar materiales para compartir en equipo y hacer las copias necesarias que encuentren pertinentes para las distintas actividades de la congregación o sus familias.

¿PUEDO EQUIPARME CON USTEDES?

Sería un privilegio ayudarte y con ese objetivo existen nuestros eventos y nuestras posibilidades de educación formal. Visita **www.e625.com/Eventos** para enterarte de nuestros seminarios y convocatorias e ingresa a **www.institutoE625.com** para conocer los cursos online que ofrece el Instituto E 6.25

¿QUIERES ACTUALIZACIÓN CONTINUA?

Regístrate ya mismo a los updates de **e625.com** según sea tu arena de trabajo: Niños- Preadolescentes- Adolescentes- Jóvenes.

¡APRENDAMOS JUNTOS!

e625.com   👍 🐦 📷 ▶️ /**e625**COM

Educación online
www.institutoe625.com

Libros
Online

Escuela *de* **Liderazgo**
GENERACIONAL Y COACHING

Revista
Líder 625

Tienda con envíos
internacionales

Suscripción de
materiales premium
para iglesias

Seminarios para
iglesias locales

www.e625.com te ofrece
recursos gratis

Chat en
tiempo real

Eventos de
actualización
ministerial

E625 te ayuda todo el año

Sé parte de la mayor
COMunidad de
educadores cristianos

Sigue en todas tus redes a
/e625COM

CAPACITACIÓN MINISTERIAL
ONLINE DE PRIMER NIVEL

CONOCE TU CAMPUS ONLINE

www.institutoE625.com

¡**Suscribe** a tu iglesia **para descargar**
los mejores recursos para el **discipulado**
de **nuevas generaciones**!

zona de contenido
PREMIUM
SUSCRIPCIÓN POR IGLESIAS

Libros, Revista, Audios, Lecciones, Videos, Investigaciones y más

e625.com/premium